韓国財閥の
ファミリービジネス

髙沢 修一 ［著］

財経詳報社

はじめに

　儒教は，東周の春秋戦国期の魯国において孔子によって体系化され，倫理・道徳性と宗教性という二面性を有する社会規範及び倫理道徳のことであるが，史料上に「儒教」という用語が現れるのは西暦5世紀頃である。そして，儒教は，中華人民共和国（以下，「中国」とする）を源流として，台湾，大韓民国（以下，「韓国」とする），日本等に伝達され信奉される。その後，儒教は，南北朝時代の南宋代において朱熹（朱子）が，「大学」と「中庸」を「礼記」から独立させて『朱子学』として儒教を精華することにより隆盛を迎える。そして，儒教は，元帝国においても，国家教学として採用され科挙制度において重んじられた。また，現代中国では，文化大革命運動を通じ陳腐な封建的思想であると蔑視され衰退したが，再び，脚光を浴びている。

　一方，中華を模倣し儒教を導入した韓国では，儒教思想が社会秩序の要となるだけでなく，政治・経済においても大きな影響を与えることになった。そして，儒教で重んじられた「孝」の延長上に「イエ＝家族」が存在し，欧米から韓国に移植された「企業」は，「イエ」とそれが拡大解釈された「国家」との中間に位置する存在として認識された。つまり，韓国では，中国で廃れた儒教思想の根幹を成す「孝」の概念が強調され，「孝」の延長上に「家族」関係を築き，創業家が経営を担う儒教思想に基づくファミリービジネスが隆盛となるが，この経営システムを具現化した存在が「韓国財閥」であり，韓国財閥では，儒教思想の影響を受けた家父長制の下で，男尊女卑や男系長子相続と大家族主義を前提とする経営手法が採用されている。

　現在，韓国の財政や経済を支えている存在は，韓国GDP（国内総生産）の4分の3を占めている韓国財閥（Korean Chaebol）であるが，サムスン，現代自動車，LG，SKの四大財閥で韓国GDPの約60％を担っており，韓国財閥は，血縁，婚縁（婚脈），学縁（学閥），地縁というインフォーマル・ネットにより結びついている。そして，韓国財閥は，系列化の企業が順送りに互いに株式を保有し，創業家が少数持株でグループ全体を支配するという循環出資を採用しているのである。しかし，財閥創業家がインフォーマル・ネットワークを駆使

して富を蓄積し，循環出資を用いて企業支配を独占することにより生じた社会的軋轢は，財閥企業内の従業員の士気を喪失させると共に，企業経営の活力を収奪することになり国民から批判の的になったのである。そして，インフォーマル・ネットワークに基づく韓国財閥と大統領における過度の親密関係は，「政経癒着」という経営上の問題点を生み出すことになり，血税支援に基づく企業の"ゾンビ化"や脱税事件・不正会計を生じさせる一因となった。そのため，金大中大統領は，少数株主の権利を強化すると共に取締役会の権限を強化することを目的としてコーポレートガバナンス改革を断行し，次いで，盧武鉉大統領も一定の出資総額制限企業集団を対象としてコーポレートガバナンス改革を行ったのである。加えて，韓国社会，特に，韓国財閥は，女性活用が遅れておりダイバーシティの面で問題点を指摘できる。

つまり，韓国財閥の儒教思想に基づくファミリービジネスは，特異なものであり必ずしもわが国の企業経営と同一であるとはいえないが，日韓ビジネスの経営思想の礎は，いずれも儒教思想を源流としているため類似性が窺える。そのため，韓国財閥の事業承継とファミリービジネスを分析することは，同族会社が多く経営構造や経営体質の面で同質性を有するわが国の企業経営の在り方についての示唆と成り得るのである。

また，本書では，韓国財閥の儒教思想に基づくファミリービジネスを分析するうえで，マネジメントの視点からだけでなく，社会科学の視点から多角的な検証を試みた。なぜならば，独り韓国だけでなく東アジアの経済圏に展開する儒教思想に基づくファミリービジネスを検証するためには，幅広い学問分野からの考察が求められるからである。

本書は，学会報告等の研究成果をまとめたものであるが，多くの方々からご指導を受けた。ご指導を賜りました皆様に深甚の謝意を表します。特に，大学院生時代にご指導を賜った鈴木一道先生，富岡幸雄先生，故北野弘久先生のご指導に御礼申し上げます。そして，刊行については，ご尽力を賜りました株式会社財経詳報社代表取締役の宮本弘明様とスタッフの皆様にも御礼申し上げたい。

なお，本書は，文部科学省「私立大学研究ブランディング事業：経営と"道"の研究」の研究成果を修正加筆したものである。

2020年5月

髙沢修一

目　　次

はじめに

第Ⅰ章　儒教思想と韓国財閥のファミリービジネスの関係 ……… 1

第1節　研究目的 ……………………………………………………… 1
第2節　儒教文化圏における韓国財閥のファミリービジネス ……… 3
　第1項　韓国財閥のファミリービジネスに影響を与えた儒教 ………… 3
　　1．李氏朝鮮王朝下の儒教の特質と朝鮮ナショナリズムの生成　3
　　2．李氏朝鮮王朝下の朱子学及び陽明学の評価と韓国財閥への影響　6
　第2項　韓国財閥が展開するファミリービジネスの特異性 ………… 8
　　1．韓国財閥の変遷とインフォーマル・ネットワークの形成　8
　　2．韓国財閥の取締役会におけるインフォーマル・ネットワーク　10
　第3項　韓国儒教社会における男系長子相続と財閥分裂の実態 ……… 12
　　1．韓国財閥の男系長子相続における相続・事業承継の成功事例　12
　　2．韓国財閥の男系長子相続における相続・事業承継の失敗事例　14
第3節　韓国財閥に求められるダイバーシティ経営 ………………… 15
　第1項　韓国財閥の女性管理職及び女性取締役の状況 ……………… 15
　　1．韓国企業の女性管理職比率と女性取締役比率の国際比較　15
　　2．韓国財閥のファミリービジネスにおける女性経営者の実態　17
　第2項　韓国財閥に求められる脱儒教的経営と女性登用 …………… 18
　　1．少子高齢化に対応した女性雇用関係法の制定と改正　18
　　2．脱儒教的ファミリービジネスを展開する非血縁者経営企業　21

第Ⅱ章　韓国財閥の誕生・形成と政経癒着問題 ……………… 23

第1節　韓国財閥の誕生と成長過程 ……………………………… 23
第1項　大韓民国誕生前の韓国財閥の起源 ………………… 23
　　1．李氏朝鮮王朝時代の商業活動と朝鮮総督府の役割　23
　　2．朝鮮大地主を母胎とする民族系企業集団の誕生　　25
第2項　大韓民国建国後の韓国財閥の成長 ………………… 26
　　1．現代・サムスン等の戦後誕生韓国財閥の登場　　26
　　2．大宇・栗山等の新興韓国財閥の誕生と成長　　　27
　　3．ベトナム戦争特需の恩恵を受けた韓国財閥の発展　　29

第2節　韓国財閥の財力と政経癒着問題 ………………………… 30
第1項　韓国財閥の資産規模と学縁・婚縁ネットワーク …… 30
第2項　官治金融・循環出資と政経癒着の弊害 ……………… 33
　　1．官治金融が金融システム構築に与えた影響　　33
　　2．オーナー創業家の持ち株所有比率と事業承継　　34

第3節　歴代韓国大統領の政治改革と財閥改革 ……………… 38
第1項　金大中・盧武鉉大統領のコーポレートガバナンス改革 … 38
第2項　2018年韓国税制改正と文在寅大統領の財閥改革 ………… 40

第Ⅲ章　韓国五大財閥のファミリービジネスと
　　　　事業承継問題 ………………………………………… 44

第1節　韓国財閥のファミリービジネスと事業承継 …………… 44

第2節　サムスングループの成長と事業承継 …………………… 45
第1項　三星商会の開業とリムスン電子の躍進 ……………… 45
第2項　サムスングループの分裂と承継問題 ………………… 46

第3節　現代グループの成長と事業承継 ………………………… 48
第1項　現代建設の開業と現代グループの分裂 ……………… 48

第2項　現代グループの金剛山観光事業の挫折……………………… 49
第3項　現代自動車グループのオリンピック競技支援……………… 50

第4節　SK グループの成長と事業承継……………………………… 51
第1項　鮮京からの社名変更と M&A の活用……………………… 51
第2項　持株会社によるグループ再編と承継問題………………… 52

第5節　LG グループの成長と事業承継……………………………… 53
第1項　ラッキー金星からの社名変更と海外進出………………… 53
第2項　創業家共同経営の限界と GS グループの誕生…………… 54
第3項　LG グループの養子縁組による事業承継の可能性……… 56

第6節　ロッテグループの成長と事業承継………………………… 58
第1項　在日コリアンの成功と韓国進出・財閥形成……………… 58
第2項　創業家の承継問題とグループの経営課題………………… 59

第Ⅳ章　韓国財閥の企業ゾンビ化と血税支援問題………………… 61

第1節　ゾンビ企業の識別と財務分析の基準……………………… 61
第1項　ゾンビ企業の定義と2つの識別方法……………………… 61
第2項　韓国財閥系列企業のゾンビ化の実態……………………… 63

第2節　韓国財閥と韓国造船業界の関係…………………………… 65
第1項　韓国造船業の建造量シェア………………………………… 65
第2項　韓国造船業の財務分析……………………………………… 67
　　1．現代重工業の財務内容　　67
　　2．サムスン重工業の財務内容　　68
　　3．大宇造船海洋の財務内容　　69
　　4．STX 造船海洋の財務内容　　72
第3項　韓国造船業への政府対応…………………………………… 73
　　1．大宇造船海洋に対する血税支援　　73
　　2．STX 造船海洋の法定管理申請　　74
第4項　韓国造船業の M&A 戦略と建造量世界ランキング…… 75

第3節　韓国財閥と韓国半導体産業の関係 ……………………………… 77

第1項　半導体産業の売上高世界ランキング ……………………… 77

第2項　韓国半導体産業の形成過程 …………………………………… 78

第3項　韓国半導体産業の将来性 ……………………………………… 80

　　1．韓国半導体産業の財務内容　80

　　2．韓国半導体産業の成長戦略　82

　　3．日本国の対韓輸出規制の影響　84

第Ⅴ章　韓国財閥の成長戦略と税務戦略 …………………………… 89

第1節　韓国財閥における成長戦略と税務戦略の重要性 …………… 89

第2節　韓国自動車産業の形成過程と海外戦略 ……………………… 91

第1項　アジア通貨危機と韓国自動車産業の再編 ………………… 91

第2項　韓国自動車メーカーの海外進出と競争力 ………………… 93

第3節　韓国航空会社の形成過程と経営課題 ………………………… 96

第1項　大韓航空の誕生と韓進海運破綻の影響 …………………… 96

第2項　アシアナ航空の誕生とLCC参入の影響 ………………… 98

第3項　大韓航空とアシアナ航空の相続・事業承継問題 ………… 99

　　1．韓進グループの相続・事業承継問題　99

　　2．錦湖アシアナグループの相続・事業承継問題　101

第4節　韓国企業のベトナム投資と税務戦略 ………………………… 103

第1項　ベトナム経済の分析と税制支援 …………………………… 103

　　1．ドイモイ政策とベトナムの経済成長　103

　　2．租税回避地としてのベトナムの魅力　105

第2項　韓国企業のベトナム進出 …………………………………… 107

　　1．韓国政府のベトナムへの直接投資　107

　　2．韓国財閥の税務戦略と販売戦略　109

第5節　韓国中堅財閥の生存戦略と経営戦略 ………………………… 112

第1項　韓国食品企業の日本食品企業との業務提携 ……………… 112

　　　１．農心と味の素の合弁事業と他の即席麺会社の動向　112

　　　２．ヘテ製菓とカルビーの合弁事業と復活・再上場　113

　　第２項　韓国軍需産業とハンファ防衛関連４社の武器輸出 ……………… 114

　　第３項　新世界のベンチマーキングとピエロ・ショッピング開業 …… 116

　　第４項　韓国化粧品産業の業界分析と海外戦略 ………………………… 117

　　　１．アモーレパシフィックのマーケティング戦略　117

　　　２．LG 生活健康の M&A 戦略による日本市場進出　119

　　　３．韓国化粧品メーカーの国際評価と海外市場戦略　120

　　第５項　韓国コンビニエンスストア業界の市場分析と経営課題 ……… 121

第Ⅵ章　韓国財閥の脱税・不正事件と社会的責任 ……… 123

第１節　韓国財閥におけるコーポレートガバナンス改革の必要性 … 123

第２節　多発する韓国財閥の脱税・不正事件の分析 …………………… 124

　　第１項　韓国財閥の脱税・不正事件の事例研究 ………………………… 124

　　　１．大宇グループの脱税・不正事件と財閥解体　124

　　　２．SK グループの脱税・不正事件と総帥復活　128

　　　３．LG グループの株式譲渡に伴う脱税行為　129

　　　４．その他の脱税・不正事件と韓国財閥の変遷　130

　　第２項　韓国財閥の脱税・不正事件の原因と国民批判 ………………… 133

　　　１．韓国財閥に対して寛容な司法及び行政に対する批判　133

　　　２．外部監査機能の不備と「金英蘭法」制定の効果　134

第３節　社会的責任の意義と優遇税制・減税特恵の是非 …………… 136

　　第１項　企業の社会的責任とコーポレートガバナンスの関係 ………… 136

　　　１．韓国財閥に求められる企業の社会的責任の在り方　136

　　　２．集中投票制の義務化と社外取締役の独立性の強化　138

　　　３．女性取締役の登用と発言力のある機関投資家の活用　140

　　第２項　韓国財閥の優遇税制・減税特恵と租税回避の問題点 ………… 142

　　　１．特定の韓国財閥を対象とした税制改正に伴う優遇税制と減税特恵　142

　　　２．韓国財閥のタックス・ヘイブンを活用した租税回避の増加　144

　　3．韓国民法における相続人の地位と財閥創業家を巡る相続税問題　146

　第3項　韓国財閥の環境問題に対する社会的責任と

　　　　　環境賦課金の限界 …………………………………………… 150

　　1．永豊グループの石浦製錬所に対する行政処分が生起させた社会問題

　　　　　　　　　　　　　　　　　　　　　　　　　　　　　　　　150

　　2．韓国の環境賦課金と諸外国の環境対策を目的とした税制改正の経緯

　　　　　　　　　　　　　　　　　　　　　　　　　　　　　　　　151

第Ⅶ章　韓国財閥のファミリービジネスに対する提言 ………… 157

第1節　韓国財閥のファミリービジネスの特徴と経営課題 ………… 157
　第1項　日韓企業の類似性とコーポレートガバナンスの必要性……… 157
　第2項　韓国財閥に求められる政経癒着問題解消の必要性 ………… 160

第2節　東アジア儒教文化圏の構造と不正会計の発生 ………… 161
　第1項　韓国財閥のファミリービジネスと日本的経営の比較………… 161
　第2項　ファミリービジネスが生じさせる不正会計の検証 ………… 162

第3節　韓国財閥における脱税・不正会計事件と
**　　　　外部監査制度導入の必要性** ………………………………… 166
　第1項　韓国財閥に求められるガバナンス制度の整備と
　　　　　不正経営抑止策………………………………………………… 166
　　1．韓国財閥総帥の特赦・釈放と韓国財閥に対するガバナンス機能の不全

　　　　　　　　　　　　　　　　　　　　　　　　　　　　　　　　166

　　2．不正経営防止のための金英蘭法制定の意義と問題点　167
　第2項　韓国財閥における循環出資の存在とファミリービジネス
　　　　　からの脱却………………………………………………………… 168
　　1．循環出資が生み出した創業家による財閥グループ支配構造の解消　168
　　2．韓国大統領のコーポレートガバナンス改革と社外取締役の独立性の意義

　　　　　　　　　　　　　　　　　　　　　　　　　　　　　　　　169

　　3．ダイバーシティ経営の実現のための女性役員と女性管理職の重要性

　　　　　　　　　　　　　　　　　　　　　　　　　　　　　　　　171

引用及び参考文献……………………………………………………173

参考資料…………………………………………………………………174

索　　引…………………………………………………………………176

第I章
儒教思想と韓国財閥のファミリービジネスの関係

第1節　研究目的

　現在，大韓民国（以下，「韓国」とする）の財政及び経済状態は厳しい状態にあるが，韓国経済において重要な位置を占めているのが韓国 GDP（国内総生産）の4分の3を占める「韓国財閥」（Korean Chaebol）の存在であり，四大財閥（サムスン・現代自動車・LG・SK）で韓国 GDP の約60％を担っている。そして，韓国社会では，中華人民共和国（以下，「中国」とする）から伝播した儒教の影響を強く受け，儒教思想に基づく男尊女卑や男系長子相続を前提とするファミリービジネスが実践されている。そして，韓国財閥のファミリービジネスとは，創業家が自己の利得確保を目的として大統領等の政界関係者や韓国財閥との間で婚姻を重ねることにより構築した「婚縁（婚脈）」，韓国士官学校，ソウル大学校，延世大学校，高麗大学校，及び成均館大学校等の出身校による人的結合である「学縁（学閥）」，出身地による同族的結合である「地縁」というインフォーマル・ネットワークを駆使した経営手法のことである。

　また，財閥創業家出身の財閥総帥（オーナー）によるトップダウン型のリーダーシップは，オーナー経営者の意思決定を迅速にマネジメントに反映させることができると共に，成長性が期待できる新分野に積極的に投資できるため韓国経済の発展に寄与していると評される。しかし，財閥創業家がインフォーマル・ネットワークを駆使して富を蓄財し企業支配を独占することにより生まれた社会的軋轢は，財閥企業内従事者の士気を喪失させ企業経営の活力を収奪するため国民から批判の的になった。そして，財閥創業家が企業経営を支配しているというファミリービジネスの実態は，韓国財閥における粉飾決算及び不正会計の温床となっているのも事実である。そのため，韓国財閥の創業家における相続争いや事業承継の失敗は，わが国の企業経営の教訓と成り得るのである。例えば，儒教は，中国伝来の学問であり，遡ること東周の春秋戦国時代に覇権

を競った魯国の孔子によって体系化された学問であるが，その後，南宋代に朱熹（朱子）が現れ「朱子学」を発意する。そして，朱子学を主体とする儒教思想の影響を受け，男系長子相続を重んじる韓国社会では，女性経営者の登用の機会を喪失させるという弊害が生起し，韓国財閥の経営手法は，財閥創業家が自己の利益を追求するが故に儒教文化が重んじる"徳治主義"を喪失させているのである。

　また，韓国の財閥企業と日本の創業家支配の上場企業は，国家経済の一翼を担っているという共通点を有するだけでなく，韓国の財閥企業の"循環出資"と日本の上場企業の"株式の持ち合い"という企業グループ統治のための経営手法においても類似性を見出すことができる。例えば，循環出資とは，韓国財閥系列下の企業が順送りに互いに株式を保有するという特異な資本構造のことでありグループ内の団結力を高める効果を有するのに対して，日本企業の株式の持ち合いは，企業成立時における源流を同じくする企業の集合体である"血縁"や営業基盤が同一であることに起因する"地縁"を拠りどころとする企業間の事業提携のことである。そして，循環出資には，創業家の相続税対策として節税効果を期待でき，株式の持ち合いには，企業間の信頼関係の構築を強固にできるという戦略性を窺える。つまり，韓国の財閥企業と日本の上場企業には，血縁（婚脈）と地縁を重視するという同質性が窺えるのである。

　しかし，韓国の財閥企業と日本の上場企業では，企業経営におけるインフォーマル・ネットワークに対する比重が異なり，両者を比較すると，韓国の財閥企業のインフォーマル・ネットワークは，日本企業のインフォーマル・ネットワークよりも極めて大きいのである。

　そして，本書では，韓国財閥のファミリービジネスにおける経営課題を検証することを目的として，韓国財閥のグローバル化と血税支援問題について考察した。なぜならば，韓国財閥は，国内消費の冷え込みに対応するため積極的に海外進出を行い，その動きに呼応して韓国政府は韓国財閥を助成することを目的として種々の税制支援を行っているが，国際競争に勝てない韓国財閥傘下の韓国企業が血税投入により生存することには企業統治の面からも問題点を指摘できるからである。

　実際，韓国財閥に対しては，様々な税制支援や金融支援が試みられており，本来ならば倒産すべき企業が事業を継続している。しかし，企業経営に対する

国家の過度な介入は，企業の"ゾンビ化"現象を生じさせ企業の自助力や再生力を喪失させると共に，国際的信用力を低下させる可能性を有する。そのため，韓国経済が再生するためには，政府介入の抑制と特定の韓国財閥に依存する産業構造からの脱却が求められ，「財閥改革」が断行されたのである。例えば，金 大 中 大統領は，少数株主の権利を強化すると共に取締役会の権限を強化することを目的としてコーポレートガバナンス改革を提唱し，理事（取締役）総数の4分の1以上を社外理事（社外取締役）として選任することを決定し，次いで，盧 武 鉉 大統領も一定の出資総額制限企業集団を対象としてコーポレートガバナンス改革を断行したのである。

　しかし，韓国財閥においては，社外取締役に財閥創業家と親密な関係を有する者や学縁関係者が数多く任じられており，婚縁（婚脈），学縁（脈），地縁というインフォーマル・ネットワークが韓国経済の健全な経済成長を妨げている。加えて，韓国財閥では，女性経営者の登用が遅れておりダイバーシティの視点からも問題点を指摘できるのである。

　また，韓国財閥の儒教思想に基づくファミリービジネスは特異なものであり，必ずしもわが国の企業経営と同一であるとはいえないが，日韓ビジネスの経営思想の礎は，いずれも儒教思想を源流としているため類似性も窺える。そのため，韓国財閥のファミリービジネスを分析することは，同族会社が多く経営構造や経営体質の面で同質性を有するわが国の企業経営への示唆と成り得るのである。

　また，本書では，韓国財閥のファミリービジネスを分析する上で，マネジメントの視点だけでなく，社会科学の視点から多角的なアプローチを試みた。なぜならば，韓国だけでなく東アジア経済圏に多大な影響を与えている儒教思想に基づくファミリービジネスを検証するためには，幅広い学問分野からの考察が求められるからである。

第2節　儒教文化圏における韓国財閥のファミリービジネス

第1項　韓国財閥のファミリービジネスに影響を与えた儒教

1．李氏朝鮮王朝下の儒教の特質と朝鮮ナショナリズムの生成

儒教は，中国伝来の学問であるが，遡ること東周の春秋戦国時代に覇権を競

った魯国の孔子によって体系化された学問である。そして，儒教は，中国の南北朝時代の南宋代に朱熹（朱子）が現れると，朱熹（朱子）の発意により「大学」と「中庸」を「礼記」から独立させて「朱子学」として再構築された。

また，儒教は，"徳治主義"を政治理念として集権的な政治体制の安定化を図ることを目的とした思想として認識されるが，徳の実現は，心を制御して「中庸」の状態を保つことにより実現される[1]。そして，元代では，朱子学が国家教学としての位置を占め科挙（官吏登用試験）においても重きを成している。

すなわち，中国では，朱子学が立身出世を目指す士大夫の間で必須の学問として認識されることになり，そのため，歴代の中国王朝では，朱子学以外の諸学説を倦厭する傾向が生成された。同様に，「小中華」を標榜した政治体制の確立を目指した朝鮮半島（李氏朝鮮王朝）においても，中国に倣って朱子学が導入され，韓国では，儒教が中国で寂れた後でも社会的地位を確立し官吏登用の基準として採用されたばかりでなく，朝鮮社会の文化と道徳にも影響を与え，現代韓国の政治経済にも多大な影響を与えた。例えば，韓国財閥では，儒教思想に基づく，男尊女卑や男系長子相続を前提とする血縁関係を主体とするファミリービジネスが実践されたのである。

（出所）李朝正宮・景福宮（撮影・2016年）

---

[1] 徳治主義の対の政治理念は韓非子の法治主義である。

　しかし，財閥創業家が企業支配を独占し，インフォーマル・ネットワークを用いた経営手法を導入したことにより生じた軋轢は，財閥企業内従業員の士気を喪失させ企業経営の活力を奪うとして国民の批判の的になった。さらに，儒教思想の下，男系長子相続を重んじる韓国社会では，永年に渡り企業経営者としての女性登用の機会を閉鎖するという弊害を生み出した。つまり，韓国財閥の経営手法は，財閥創業家の利益を追求するが故に，儒教文化が重視する"徳治主義"を喪失させたのである。

　また，李氏朝鮮王朝において，儒教は，「朝鮮における支配階層である両班^{ヤンバン}に受け入れられ，彼らの人格形成の基盤になる。そして，両班は，新興の中小地主層であったが，文民の地位を独占するとともに官職につけないときは郷里の農村において学問や教導に従事した」[2]存在であるが，儒教の故地である中国とは異なる思想及び学問として変質したのも事実である。実際に，儒教を思想的・学問的主柱とする朝鮮社会においては，中国に比べて「両班」と称される特権階級（在地士族層）と一般庶民との間の身分差別が大きく，そのため，朝鮮社会では，両者の身分的乖離を埋めることを目的として，洞約及び郷約を設けたが，逆に，擬制血縁関係や家族主義的結合を強めることになったのである[3]。

　また，朝鮮半島における儒教の影響は，大日本帝国による朝鮮半島の植民地化の一助になった可能性を有する。なぜならば，儒教は，朝鮮半島の支配階層である両班の間に深く根ざしたため「孝」が「義」よりも優先され，本来ならば，"義俠"の精神を高揚させ独立運動の指導者として民衆の先頭に立たなければならない立場の両班の士気を削ぐことになり，民族単位での抗日運動の展開を鈍らせたと考えられるからである。そして，朝鮮社会に蔓延する儒教に対する信奉は，李氏朝鮮王朝の中華帝国（中国）への盲目的な臣従を生み出すと共に，現代韓国の政治経済の仕組みにも影響を与え，"朝鮮ナショナリズム"を形成させることになる。つまり，中華帝国（中国）と李氏朝鮮王朝の間で締結されていた"冊封"とは，両国の隷属関係を示すものであるが，逆にこの隷属的関係は中華帝国（中国）への反発として"朝鮮ナショナリズム"を生成さ

---

(2)　澤井啓一稿，「日本と韓国における儒教の比較研究にむけて」比較思想学会・比較思想研究（22）（韓日合同学術大会4，1995年）99ページ。

(3)　邊英浩著，『朝鮮儒教の特質と現代韓国』（クレイン，2010年）22・156ページ。

せたのである。

　勿論，ナショナリズム（nationalism）の定義づけは曖昧であり難しいが，ナショナリズムはその根源となったネーション（nation）と結び付けて考えることができる。例えば，ベネディクト・アンダーソン（Anderson, B.）は，ネーションについて，「血のつながりではなく『共同幻想』を共有する共同体である」[4]と説明する。そのため，ネーションが血縁を重視しない概念ならば，血縁を重んじる韓国社会で醸成されたナショナリズムは，ヨーロッパの古典的なナショナリズムとは異なる概念であると認識できる。

　なお，軍事独裁政権下の韓国では，国威の高揚を目的として"朝鮮ナショナリズム"を具現化する史書が現れた。例えば，『桓壇古記』には，歴史的確証が認められないものの，朝鮮王朝の中華帝国（中国）に対する軍事的優位性が記載されている[5]。

2．李氏朝鮮王朝下の朱子学及び陽明学の評価と韓国財閥への影響

　中国の元王朝は，朱子学の解釈である「四書五経」に基づく科挙制度を実施したが，朝鮮半島に君臨していた高麗王朝において，元王朝から「程朱子学」（朱子と程子の道学）が伝播され，忠宣王や忠穆王等の歴代の高麗王に信奉された。その後，朱子学は，高麗王朝の後継である李氏朝鮮王朝でも王と知識階層を形成する両班層に受容された。なぜならば，朱子学は，君主の絶対性と君臣の上下秩序を説いているため，君臣の倫理を構築するうえで有益なものであると認識されたからである。つまり，李氏朝鮮王朝は，五経（父子の親・君臣の義・夫婦の別・長幼の序・朋友の信）を道徳的規範とする儒教思想に基づく「身分制」と「血縁性」を重視する政治を行ったが，同様に，現代の王朝ともいえる存在である韓国財閥と，王ともいえる存在である財閥総帥は，図表Ⅰ-1に示すように，李氏朝鮮王朝の支配体制を模倣することを目的として儒教思想を拠りどころとする企業経営を行ったと推測できる。つまり，韓国財閥のファミリービジネスの形成要因としては，「儒教」と「大家族主義」の二つが挙げられ

---

(4)　Anderson, B. (1992), "The New World Disorder", The New Left Review No. 193, Ⅴ/Ⅵに詳しい。

(5)　桓壇古記（新國民社，1982年）は，「三聖紀」，「壇君世紀」，「北扶余紀」，「太白逸史」の四書を合本したものであるが，特に，太白逸史には，「高句麗国本紀」が含まれており，隋や唐という中華王朝に対する高句麗軍の活躍が描かれている。但し，同書は，古史古伝の範疇を逸脱する内容ではないとされる。

るが，前者を拠りどころとして直系男子による財閥総帥の事業承継が行われ，後者を拠りどころとして傍系による財閥ファミリーが形成されたのである。

【図表Ⅰ-1】　韓国財閥ファミリービジネスの2つの形成要因

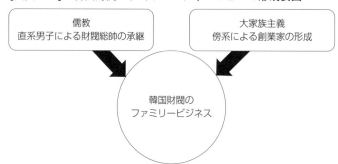

　一方，陽明学は，中国の明代に王陽明が提唱した儒教の一派であるが，王陽明が生涯を通じて教示したことは，「良知」であり，故に，陽明学は「良知の学」と評される。また，陽明学は，個人の「心の主体性」と「実践」に重きをおいて，"心即理"，"良知"，"知行合一"を思想の主柱として次第に儒家の間に支持を広げたのである。まず，心即理とは，「道徳の原理は，人の働きに求めるべきである」という考え方であり，次いで，至良知とは，「人は，生まれながら有している道徳的な判断力を活かすべきである」という考え方であり，そして，知行合一とは，「知識と行動は，一体である」という考え方である。そして，明代に登場した陽明学は，次第に形骸化を強めてきた朱子学に対する批判から生じた学問であるが，朱子学が李氏朝鮮王朝における正統（正学）としての地位を獲得したのに対して，陽明学は異端の学問として認識され儒教の主軸とは成り得なかった。なぜならば，王陽明は，「自らの心を律することは難しいが心を律して道徳的な判断を行い，徒に知識に偏ることなく行動も伴うべきである」と述べるが，基本的に平等主義を旨とするため，君臣の上下秩序に基づく君臣関係の構築を目的とする李氏朝鮮王朝では受容されなかったからである。

　ところで，日本においては，徳川政権による武断政治から文治政治への政策転換に伴い，林家の学問指導下，学問所において朱子学が教授されていたため，朱子学は立身出世のための学問として幕府及び諸藩の士分階級の間で広範に支

持された。そして，朱子学が，「日本的経営」と称される日本独特の経営システムの確立に多大な影響を与えたことは周知の事実である。しかし，徳川政権下では，科挙制度が存在していないため，高麗・李氏朝鮮王朝とは異なり朱子学に拘泥することなく幕末期に陽明学が台頭する。

　また，日本の陽明学は，中江藤樹を開祖とするが，藤樹は，江戸期の士農工商という厳格な身分社会のなかで身分格差を超えた平等主義を提唱したため近江聖人と尊称された。そして，中江藤樹の学説は，弟子の熊沢蕃山から佐藤一斎に継承され，一斎の弟子であり幕末期の藩政改革で活躍する山田方谷と方谷の教えを受けた河井継之助に受け継がれるが，幕末期を代表する陽明学者である山田と河井は，陽明学の知行合一の理念に基づき重税を課することなく，負債整理，産業振興，家禄均等化により藩政改革を断行したのである[6]。

第2項　韓国財閥が展開するファミリービジネスの特異性

1．韓国財閥の変遷とインフォーマル・ネットワークの形成

　韓国財閥とは，「戦前からの民族系企業や帰属財産（戦後朝鮮半島に残された日本の独占資本による企業・事業）に起源を持ち，高度成長下で国の支援を受けながら形成され，資産総額が5兆ウォン以上の同族経営や多角経営を特徴としている企業集団のことである」[7]と定義されるが，韓国経済は，図表Ⅰ-2に示すように，ロッテを含む上位五大財閥が支えているのである。

　また，韓国財閥の企業経営がファミリービジネスであると評される所以は，図表Ⅰ-3に示すように，血縁，婚縁（婚脈），学縁（学閥），地縁というインフォーマル・ネットワークに基づく経営手法を導入していることに起因する。しかし，このような韓国財閥と大統領との過度の親密関係は，政経癒着問題を発生させている。

　実際に，韓国財閥と大統領の癒着は，政治的腐敗を生じさせ大統領に対する国民の信頼を失墜させると共に韓国財閥に対する信頼感を喪失させている。そして，この韓国財閥のファミリービジネスに多大な影響を与えたのが，「儒教」

---

(6)　高沢修一稿，「幕末期における陽明学者の行財政改革　―山田方谷と河井継之助の藩政改革を中心に―」『経営論集』（大東文化大学経営学会，2019年）参照。

(7)　三井物産研究所編，「朴槿惠政権が発足した韓国」戦略研究レポート（2013年4月）10ページ。

【図表Ⅰ-2】韓国財閥の変遷

順位	1998年			2019年	資産規模 （兆ウォン）	上位10社に 占める割合
1位	現代（ヒュンダイ）	⇒	分割	サムスン	415	29.2%
2位	サムスン			現代自動車	224	15.8%
3位	大宇（テウ）	⇒	解体	SK	218	15.3%
4位	LG	⇒	分割	LG	130	9.1%
5位	SK			ロッテ	115	8.1%
6位	韓進（ハンジン）	⇒	分割	ポスコ	78	―
7位	双竜（サンヨン）	⇒	解体	韓火（ハンファ）	66	―
8位	韓火（ハンファ）			GS	63	―
9位	錦湖（クムホ）	⇒	分割	農協	59	―
10位	東亜（トンァ）	⇒	解体	現代重工業	55	―

（出所）日本経済新聞（2019年5月16日）参照。

【図表Ⅰ-3】三大韓国財閥の婚縁ネットワーク（1991年当時）

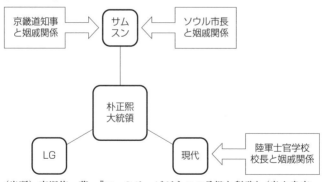

（出所）髙沢修一著，『ファミリービジネスの承継と税務』（森山書店，
　　　　2016年）129ページ。

の存在である。なぜならば，企業という概念は，図表Ⅰ-4に示すように，儒教
文化のなかにおける個別の「イエ」とそれが拡大解釈された「国家」という基
本的な組織概念の中間に位置する欧米から移植された概念のことであり，換言
するならば，企業は，「イエ」の延長としての経営者と従業員の運命共同体と

して認識できるからである[8]。

【図表Ⅰ-4】儒教文化の「イエ」の概念

（出所）髙沢修一報告「東アジアの儒教的経営と不正会計」日本租税
　　　　理論学会（愛知大学，2019年）参照。

２．韓国財閥の取締役会におけるインフォーマル・ネットワーク

　韓国財閥は，血縁，婚縁（婚脈），学縁（学閥），地縁というインフォーマル・ネットワークに基づく特異な経営手法を導入しているため政経癒着問題を生じさせている。つまり，韓国財閥と大統領の癒着は，政治的腐敗を生じさせ大統領に対する国民の信頼を失墜させたのであるが，この政経癒着問題を生じさせた遠因としては，儒教が提唱する「孝」を拠りどころとするインフォーマル・ネットワークやファミリービジネスが挙げられる。例えば，韓国の財閥企業の社外取締役の実態（2011年度）は，図表Ⅰ-5に示すように，財閥創業家及び財閥総帥（オーナー経営者）と親密な関係を有する近親者（血縁関係者）やソウル大学校，延世大学校，高麗大学校，及び成均館大学校等の（学縁関係者）が社内取締役及び社外取締役に多数任じられることにより人事の硬直化という弊害を生み出し，韓国財閥の成長を妨げる要因となっているのである。

　また，韓国財閥の創業家及び財閥総帥（オーナー経営者）は，公的資金の私的流用及び不正会計に対する倫理観が希薄であると指摘されるが，企業経営における賄賂の収受についても寛容であり，ビジネス慣習として必要と認められれば積極的に賄賂を受け入れる傾向がある。そのため，韓国社会の経営環境のなかで韓国財閥による脱税や不正会計が社会問題化し，最近では，朴槿恵大統

⑻　金日坤著，『東アジアの経済発展と儒教文化』（大州館書店，1992年）156-157ページ。

【図表 I -5】韓国財閥に占める CEO 及び社外取締役の状態と出身校

企業集団名	上場会社数	取締役数内訳		利害関係を有する社外取締役の内訳	
		社内取締役数（比率）	社外取締約数（比率）	直接利害関係者（学縁以外）	学縁関係者
サムスン	20社	67人（51.54%）	63人（48.46%）	7人	5人
現代自動車	8社	29人（54.72%）	24人（45.28%）	5人	3人
SK	16社	58人（51.33%）	55人（48.67%）	5人	5人
LG	11社	37人（48.68%）	39人（51.32%）	4人	3人
ロッテ	8社	25人（49.02%）	26人（50.98%）	5人	1人

区分	サムスン		SK	
	CEO	社外取締役	CEO	社外取締役
ソウル大学校	23人	21人	14人	16人
延世大学校	4人	4人	10人	2人
高麗大学校	8人	2人	5人	3人
漢陽大学校	3人	—	1人	—
成均館大学校	2人	2人	2人	—
西江大学校	—	1人	—	—

（出所）経済改革研究所研究員編「社外取締役の独立性分析（2010）―大規模企業集団所属上場会社を中心に―」『経済改革レポート』（2011年）第 1 号 2 月，33ページ，ユ・テヒョン他著，『財閥の経営支配構造と人脈婚脈』（ナナン出版，2005年）147-148ページ，及び李　昭娟稿，「縁故関係からみる韓国の社外取締役の独立性の問題」『創価大学大学院紀要』35（創価大学，2013年）33・35-36ページを基に作成。

領が財閥企業との過剰な政経癒着による政治的責任を問われたのである。

　なお，韓国検察庁の参考人聴取を受けた財閥総帥（オーナー経営者）は，図表 I -6に示すように 8 名である。

【図表Ⅰ-6】韓国検察庁の参考人聴取を受けた財閥総帥（オーナー経営者）

財閥名	財閥オーナー経営者名
三星 （サムスン）	李在鎔 （イ ジェヨン）
現代自動車 （ヒュンダイ）	鄭夢九 （チョンモング）
SK	崔泰源 （チェ テ ウォン）
LG	具本茂 （ク ボン ム）
ロッテ	辛東彬（重光昭夫） （シンドンビン）
韓火 （ハンファ）	金升淵 （キムスンヨン）
韓進 （ハンジン）	趙亮鎬 （チョヤン ホ）
CJ	孫京植 （ソンギョンシク）

（出所）BUSINESS INSIDER JAPAN（https://www.businessinsider.jp/post-33256）参照。

第3項　韓国儒教社会における男系長子相続と財閥分裂の実態

1．韓国財閥の男系長子相続における相続・事業承継の成功事例

　韓国財閥のファミリービジネスの特質としては，儒教に基づく男系長子相続を前提とする事業承継が挙げられるが，サムスングループや現代グループが男系長子相続による事業承継に失敗し財閥グループを分裂させているなかで，LG グループの事業承継は，男系長子相続の成功事例として紹介される。

　従来，LG グループでは，儒教を思想的背景とする家族関係を基盤としてファミリーの帰属意識を醸成するために「人和団結主義」を標榜して，具家と許家の親戚関係にある二家による共同経営が行われてきた。つまり，LG グループの企業経営は，具家と許家による共同経営を前提として成立してきたが，世代交代が進展するに従い親等の乖離も拡大し両家による企業経営の維持が難しくなってきたのである。例えば，韓国社会では，「イエ」の概念が日本よりも深く根付いているが，親等が離れすぎるとファミリーとしての一体感を保持することが難しくなり，具家と許家の二家共同で財閥グループを家族経営していくことが難しくなったのである[9]。そのため，LG グループは，第三世代からグループ会長が選出されるに際し，図表Ⅰ-7に示すように，GS グループを分離・

---

(9)　安倍　誠稿，「韓国/通貨危機後のグループ再編　―LG の持株会社制度導入と系列分離」アジ研ワールド・トレンド No. 119（2005年8月）6ページ。

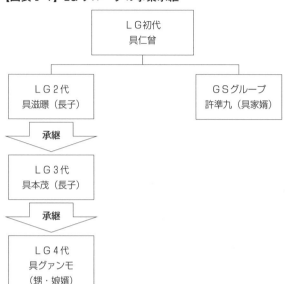

【図表 I -7】LG グループの事業承継

創設して，具家と許家の二家による共同経営に終止符を打ったのである。

　また，GS グループ創設の目的としては，人事面での硬直化を是正して活性化を図るということも挙げられる。なぜならば，LG グループの理事数は，創業家の具家と許家の両家から100人以上が選出されており，財閥創業家の出身者が LG グループ内の理事職を独占しているという事実は，財閥企業グループ内の人事停滞を招来させるという経営上の問題点を生み出していたからである[10]。そのため，LG グループは，経営が衰退する前に自らの意思で緩やかな財閥分割の途を選んだのである。

　なお，LG グループは，3 代目財閥総帥の具本茂に実子の男系後継者が存在していないため，具本茂の死後（2018年）に養子（甥・娘婿）の具グァンモ LG 電子常務に対する財閥総帥の承継が検討された。

---

[10]　山根眞一稿，「韓国財閥と持株会社　―LG の持株会社化を事例として―」京都大学経済論叢179巻第 5 ・ 6 号（2007年 6 月），28ページに詳しい。

2．韓国財閥の男系長子相続における相続・事業承継の失敗事例

韓国財閥において，男系長子相続が失敗した代表的な事例としては，現代グループの事例が挙げられる。現代グループは，創業者である鄭周泳の死後，グループ総帥の座を巡る事業承継問題が発生し，図表Ⅰ-8に示すように，「現代」，「現代自動車」（現代―起亜自動車グループ），「現代重工業」，及び「現代百貨店」の4グループに分裂する。つまり，現代グループは，グループ創業者である鄭周泳の晩年に，子息たちによる事業承継争いが生じ，五男の鄭夢憲が現代グループを承継したが，現代自動車，現代重工業，現代百貨店，及び現代海上火災保険などの主力企業が相次いで現代グループから離脱・独立したため，韓国経済界における現代グループの影響力は大きく減退したのである。

【図表Ⅰ-8】現代グループの事業承継

また，現代グループ以外で男系長子相続が失敗した代表的な事例としては，2015年のロッテグループの分裂が挙げられる。ロッテグループは，図表Ⅰ-9に示すように，兄の辛東主（重光宏之）と弟の辛東彬（重光昭夫）との間で財閥グループの総帥の座を巡る争いが生じた。このロッテグループの相克は，創業者である父の辛格浩も巻き込んだ分裂劇に発展し，ロッテグループの企業イ

【図表Ⅰ-9】ロッテグループの兄弟相克

メージを著しく失墜させたのである。

第3節　韓国財閥に求められるダイバーシティ経営

第1項　韓国財閥の女性管理職及び女性取締役の状況

1．韓国企業の女性管理職比率と女性取締役比率の国際比較

　韓国における女性管理職の比率（10.5%）は，図表Ⅰ-10に示すように，先進諸国に比べると極めて僅少である[11]。実際に，2015年度の韓国女性管理職の比率（10.5%）は，日本（12.5%）より少ないばかりでなく，アメリカ，スウェーデン，イギリス，フランス，ドイツ，イタリア等の欧米諸国や，フィリピン，オーストラリア，シンガポール，マレーシア等の ASEAN 諸国と比べても少ない。

【図表Ⅰ-10】女性管理職の比率（2015年）

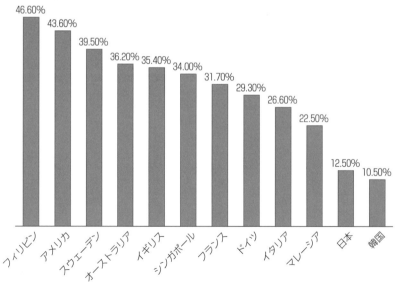

（出所）独立行政法人労働政策研究・研修機構編，『データブック国際労働比較』（2017年版）89ページ。

---

[11]　明泰淑稿，「IMF 経済危機と韓国の女性労働」『海外社会保障研究』No. 146（2004年）27ページ。

　また，韓国女性政策研究院が2007年，2008年，2010年，2012年に複数回にわたり実施した『韓国企業における女性管理職パネル調査』では，「職場で差別を受けた経験のある女性管理職数が約４割に達しており，そして，差別の内容に関する質問に対しては，韓国企業の男性中心の組織文化のなかでは，昇進及び昇給において差別を受けた経験を有するという回答が約４割に達した」[12]のである。

　すなわち，韓国企業の組織文化は，韓国社会において広範に浸透している儒教思想の影響下にあるため，韓国における女性の社会進出を妨げるばかりでなく，韓国企業における女性管理職の比率を弱めると共に，女性管理職と女性取締役の昇進及び昇給にも多大な影響を与えていると推測できる。

　従来，韓国企業における女性取締役数の比率が僅少であることが問題視されてきたが，韓国初の女性大統領である朴槿恵大統領の登場に伴い，女性取締役にも活躍の場が提供されることになった。例えば，韓国財閥の一角を形成する現代自動車（起亜自動車を含む）グループにおいては，３人の女性取締役を誕生しているが，この他，韓国MSDでは８人の女性取締役の取締役が誕生し，韓国ノバルティスでは９人の女性取締役が誕生している[13]。

【図表Ⅰ-11】アジア太平洋グループ各国の女性取締役を選任していない企業比率（%）

国	韓国		日本		オーストラリア		インド	
年度	2013	2017	2013	2017	2013	2017	2013	2017
比率	88.6	87.3	89.7	67.4	47.6	18.6	62.8	5.5

国	米国		英国		ドイツ		フランス	
年度	2013	2017	2013	2017	2013	2017	2013	2017
比率	36.9	20.0	20.1	4.3	25.2	0.0	1.7	0.0

（出所）伊藤正晴稿，「韓国上場企業の女性取締役の状況と財務パフォーマンスとの関係」『大和総研調査季報』秋季号 Vol. 32（2018年）73ページ。

---

[12]　대한민국 여성 정책 연구원 편（2012 년）"여성 관리자 패널 조사"　大韓民国編（2012年）「女性管理職パネル調査」参照。

[13]　金明中稿，「韓国における女性の労働市場参加の現状と政府対策―積極的雇用改善措置を中心に」『Special Issue』No. 643（2014年）金明中，前掲稿，102ページ。

　また，韓国企業において女性取締役を選任していない企業の割合は，図表Ⅰ-11に示すように，日本，オーストラリア，インドが大きく減じさせているのに対して，韓国は，88.6％（2013年度）から87.3％（2017年度）へと僅かに減少させているに過ぎない[14]。逆に，欧米諸国における女性取締役を選任していない企業の割合は，韓国に比べると大きく減少している（特に，ドイツとフランスは0％まで減少している）。つまり，韓国企業においては，女性取締役（女性管理職を含む）の活用が進展しておらず，ダイバーシティの視点から問題点を指摘できるのである。

2．韓国財閥のファミリービジネスにおける女性経営者の実態

　現在，企業経営における「ダイバーシティ」の重要性が認識されている。なぜならば，女性取締役及び女性管理職の活用は，企業の創造性と生産性を高める効果があると考えられるからである。しかし，韓国儒教の思想統制下にある韓国社会では，伝統的な「イエ」制度下で男尊女卑の風潮が蔓延し男系長子相続を前提とする家父長制度が重きを成していたため，女性取締役及び女性管理職の進出が妨げられており，実際に，韓国財閥の女性取締役数は，日本経済新聞社の調査結果に拠れば，サムスン電子（4.0％），現代自動車（0.8％），SKイノベーション（3.7％），ポスコ（1.3％），LG電子（0.6％）と僅少な数値である[15]。

　一方，大韓航空（韓進グループ）の女性取締役を巡る騒動も，韓国企業における女性取締役及び女性管理職の登用の妨げになっている。なぜならば，2014年に，チョ・ヒョンア大韓航空副社長（当時）が引き起こしたナッツ・リターン騒動と，2018年に，チョ・ヒョンミン大韓航空専務（当時）が引き起こしたパワハラ事件は，韓国財閥における女性取締役のイメージを大きく失墜させたからである。例えば，航空機の安全運航を妨げたナッツ・リターン騒動は有名であるが，加えて，大韓航空のチョ・ヒョンミン専務は，同社の広告を担当する広告代理店との打ち合わせの会議中に，水の入ったコップを床に投げ捨てて，声を荒げて怒鳴ったとしてパワハラ疑惑を受けた。さらに，大韓航空の財閥創

---

(14)　伊藤正晴稿，「韓国上場企業の女性取締役の状況と財務パフォーマンスとの関係」『大和総研調査季報』秋季号 Vol. 32（2018年）73ページ。

(15)　日本経済新聞（2018年3月17日）参照。

業家に対しては，海外で購入した私品を会社購入の物品と偽り，輸送費や関税を支払っていないのではないかという疑惑が浮上した。そして，韓国初の女性大統領である朴槿恵大統領が生起させた朴政権と韓国財閥における不透明な資金の流れを巡るスキャンダルも女性管理職のイメージを低下させた。しかし，将来的に，韓国財閥における円滑な企業統治を実現するためには，調整感覚やバランス感覚に優れた女性役員を積極的に登用することが求められる。勿論，韓国財閥においても高い評価を受けている女性経営者が存在している。例えば，CJグループの李美敬（ミキー・リー）は，韓国の映画・音楽産業の育成に貢献した存在であるが，CJグループ総帥である弟の李在賢会長の逮捕後に，CJグループCEO（最高経営責任者）に就任している。実際に，優れた女性経営者である李美敬の下で，CJグループ傘下のCJエンターテイメントは，リメイク版の製作という経営戦略を展開し，韓国国内の映画配給の約30％を占めアジア映画界を代表する存在に成長したのである[16]。

　この他，韓国財界を代表する女性経営者としては，新世界グループのイ・ミョンヒ会長（サムスングループ2代目会長の妹）の名前も挙げられる。

第2項　韓国財閥に求められる脱儒教的経営と女性登用

1．少子高齢化に対応した女性雇用関係法の制定と改正

　近年，先進国では，少子高齢化が著しく進展しており，「2012年における高齢化率は11.8％であるが，2020年には，14％を超えて高齢化社会に突入し，さらに，2050年には高齢化率が38.2％まで上昇する」[17]と予測される。そのため，韓国政府は，社会問題化する少子高齢化に対応し，若年労働力と優秀な人材の確保を目的として，積極的に女性の活用を図ると共に女性の雇用拡大と就労差別の改善を目指し「男女雇用平等法」，「母性保護関連法」，及び「女性起業支援法」等を制定した。第一に，男女雇用平等法とは，1987年に制定され1988年から施行され，1989年，1995年，1999年，2001年，2005年，2007年，2012年に改正された法律である。同法は，図表Ⅰ-12に示すように，男女間の雇用上の平

---

(16)　アメリカのハリウッド大手映画会社でリメイクされた映画としては，「イルマーレ」，「猟奇的な彼女」，「親切なクムジャさん」，及び「セブンデイズ」等が挙げられる。そして，「パラサイト　半地下の家族」で第92回アカデミー賞を受賞している。

(17)　金明中，前掲稿，103ページ。

【図表 I -12】男女雇用均等法の改正

改正年	主な改正内容
1989年	本改正では，事業主が，性別，結婚，妊娠，出産等の理由により雇用者の採用条件や労働条件を差別することを禁じた。例えば，雇用者が「育児休職制度」を活用しても，昇給・昇進・退職金等によって不利益を生じることはないと改正された。
1995年	本改正では，「育児休職制度」の適用対象者を，女性労働者だけでなく女性労働者あるいはその配偶者である男性労働者にまで拡大した。
1999年	本改正では，職場内の「セクシュアル・ハラスメント」を規定し懲戒規定を設けた。
2001年	本改正では，勤労基準法の適用範囲を常時労働者5名以上の事業所から全ての事業所に拡大し，「育児休職制度」の適用対象者の範囲を拡大した。
2005年	本改正では，産前産後の休暇給付を全額支援に拡大した。
2007年	本改正では，「配偶者出産休職制度」を新設した。
2012年	本改正では，「配偶者出産休職制度」を拡大し，「家族看護休職制度」を強化した。

(出所) 金明中稿，「韓国における女性の労働市場参加の現状と政府対策」『日本労働研究雑誌』No. 643（2014年）11-12ページ参照。

等な機会と待遇を保障することを目的としている。第二に，母性保護関連法とは，近年の女性の社会進出に対応することを目的として，働く女性を救済するための法律であり「女性の使用を禁止する規定，妊婦の保護と授乳時間に対する規定，育児休職や保育施設に対する規定を設け，出産休暇，育児休職，職場保育施設に対する支援や，育児休職奨励金及び女性雇用促進奨励金に対する規定を設ける」[18]ことを定めている。第三に，女性起業支援法とは，女性経営者の社会進出を助成することを目的として，女性経営者の起業や企業活動を支援すると共に女性経営者の社会的地位の向上を図るために1999年に制定・施行された法律であり，同法の趣旨を実現するために女性起業家支援のための専門情報システムを整備し，女性起業家保育センターを設立したのである。

　また，韓国政府が主導した「男女雇用平等法」，「母性保護関連法」，「女性起業支援法」等の女性雇用関連法の制定は，女性の社会進出を支援するうえで一

[18]　安熙卓稿，「韓国の女性労働と雇用政策」『経営学論集』第28巻第3号（九州産業大学，2018年）12-13ページ。

定の成果をもたらしたことは事実であるが，必ずしも大きな成果を得たとはいえない。なぜならば，「イエ」を基盤とする韓国社会の文化や生活習慣において儒教の存在は極めて重いものであり，「女性雇用関連法」の整備だけでは，男尊女卑の風潮や男系長子相続を前提とする家父長制度を打破することができないからである。そのため，韓国政府は，女性雇用関連法に加えて積極的雇用改善措置を導入したのである。つまり，韓国政府は，韓国企業における男女間ごとに管理職と労働者との関係性を分析することを目的として，韓国企業を産業別及び企業規模別に分類し，女性管理職及び女性社員の平均的雇用率を算定したのである。そして，韓国政府は，この分析調査に基づいて女性管理職比率と女性従業員比率の割合（平均値）が一定の割合（60％）に達していない場合，該当企業を対象として毎年３月末を目処に，女性社員及び女性管理職の雇用に関する改善策を定め改善状況について報告することを義務づけると共に，逆に，女性の社会進出に貢献し女性取締役及び女性管理職の登用を積極的に心掛けた企業に対しては，該当企業の努力に対して様々な特典を付与し表彰したのである[19]。例えば，表彰企業に対する特典とは，女性管理職及び女性社員の雇用環境改善を目指した資金調達について便宜を図ったのである。そして，企業側にとっては，報道媒体を通じて優良企業として表彰されることにより社会的認知度を高めることになる。

　また，積極的雇用改善措置の適用事務所数は，図表Ⅰ-13に示すように2006年から2014年まで逓増しており，女性活用策において一定の成果を上げたと推測できる。例えば，韓国通信大手のKTは，「大卒採用の約43％が女性であるが，社会保育施設も８か所あり，勤務時間の選択制も導入できたため，この５年間で女性役員は７人から29人に増え，女性管理職の人数も５倍に増えた」[20]と報告している。しかし，韓国企業が女性管理職及び女性社員を積極的に登用して活躍させるためには，「積極的雇用改善措置」を設けるだけでは抜本的な解決策とはいえず，将来的に更なる法整備が求められるのである。

---

(19)　대한민국 고용 노동부 편 (2006 년) "적극적 고용 개선 조치 제도 매뉴얼" 大韓韓国雇用労働部編（2006年）「積極的雇用改善措置制度マニュアル」，及び安　熙卓，前掲論文，15-17ページ参照。

(20)　WOMAN SMART（NIKKEI STYLE）「韓国企業も豹変　女性を積極登用（Ｗの未来）」参照。

【図表Ⅰ-13】積極的雇用改善措置の適用事業所数　　　　　　　単位：事業所

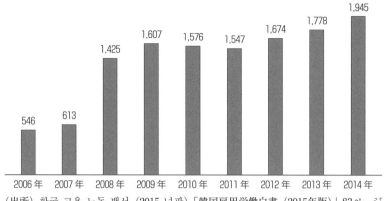

（出所）한국 고용 노동 백서 (2015 년판)「韓国雇用労働白書（2015年版）」83ページ。

２．脱儒教的ファミリービジネスを展開する非血縁者経営企業

　柳韓洋行（ユ ハンヤンヘン）は，創業者の柳一韓（ユイルハン）が1926年に創業した製薬会社であり，図表Ⅰ-14に示すように，緑十字（ノクシプチャ），韓美薬品（ハン ミ ヤップム）と共に業界ベスト３の一角を占める存在である。

　この柳韓洋行の創業者は柳一韓であるが，柳一韓は，他の韓国財閥の創業者とは異なり，自己の事業を近親者に承継させることなく，「社会から得た財産は，すべてそれを生み出した社会に還元するべきである」として，遺言により自身

【図表Ⅰ-14】韓国薬品業界の上位３社の売上高（2016年度）　　単位：億ウォン

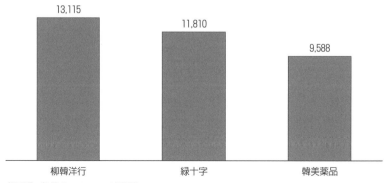

（出所）各社ホームページ参照。

の墓地と孫娘への教育資金だけを残して残余財産の全てを韓国国民の教育と福祉に寄附したのである[21]。そして，柳韓洋行は，「正直な納税」を経営理念に掲げ，不正会計や脱税を繰り返す韓国財閥とは一線を画している。そのため，柳韓洋行は，「納税の日」に銅塔産業勲章を授与され，柳一韓と柳韓洋行は，韓国国民から賞賛されている。つまり，脱儒教的経営の非血縁者経営企業である「柳韓洋行」は，儒教思想に基づきファミリービジネスを展開する韓国企業が多数を占める韓国財界において，特異な企業体質を有しているのである。

　また，日本企業の経営手法を導入することにより脱儒教的ファミリービジネスを実施している企業としては，ユン・クェピヨンを創業者とする「韓国ヤクルト」の存在が挙げられる。韓国ヤクルトは，1969年に創業され国内の発酵乳事業を主導してきた企業であり，日本ヤクルトから持分（約38.3％）に応じて全役員の約40％の役員を受け入れてきた。そのため，韓国ヤクルトは，日本ヤクルトの経営意向を無視することができないのである。しかし，韓国ヤクルトは，経営上の独自路線を模索し，日本ヤクルトから派遣される役員数を減らすと共に，発酵乳事業に依存しない経営体質の確立を目指し，第二の主力事業として，「バルド（八道）」というブランド名で即席ラーメン事業にも進出したのである。

---

[21]　奥野明子稿「韓国一尊敬を集める企業家の卓抜な理念・・製薬会社ユハン」『PHP Online 周知』PHP ビジネスレビュー松下幸之助塾（2012年 7 ・ 8 月号 Vol. 6）参照。

第Ⅱ章
韓国財閥の誕生・形成と政経癒着問題

第1節　韓国財閥の誕生と成長過程

第1項　大韓民国誕生前の韓国財閥の起源

1．李氏朝鮮王朝時代の商業活動と朝鮮総督府の役割

　李氏朝鮮王朝時代の国民経済は困窮・逼迫しており国民の識字率も低く，朝鮮半島の商工業は，明治維新を経て産業近代化の下，社会インフラを整備して商工業が飛躍的に発達した大日本帝国に比べて著しく劣っていた[1]。例えば，韓国併合前の李氏朝鮮王朝時代の商業活動は，日常生活品を物々交換する経済体制が中心であり，李氏朝鮮王朝時代の商人で店舗を構えて商売を行っていたのは，大都市や港湾に店舗を構える僅かな商人だけであり，庶民は毎月・定期的に数回（5日に1回程度）開催される「場市（市場）」で日常生活に使用する必需品を購入していた。そして，李氏朝鮮王朝後期において大都市や港湾で商業関連活動を行った者を「客主」と称するが，朝鮮半島の商業・流通における客主の存在は大きく，客主は客商から委託料（手数料）を受け取って商品委託を受け，さらに，客主は，旅閣等の宿泊施設の運営，短期金融・為替手形の決済等の金融業務，船舶や馬匹等の輸送手段の提供等の様々な商業活動を行っていたのである。

　また，韓国併合は，明治42（1909）年の第一次日韓協約の締結と明治43（1910）年の第二次日韓協約の締結を経て成立し，韓国合併後に「韓国統監府」を前身機関とする「朝鮮総督府」が設けられたが，朝鮮総督府には，政務総監，総督官房，総務部，内務部，農商工部，司法部等が設置され，内閣総理大臣を

---

[1] 1910年併合時の朝鮮半島の住民識字率については，カーター・エッカート著，『日本帝国の申し子』に拠れば10％程度であり1936年には65％まで上昇したという見解もある。勿論，この数字は学術的に正確であるとは言い難いが，併合時の住民識字率は低いものであったと推測できる。

経由して朝鮮における行政，立法，司法の三権を掌握していた。そして，朝鮮
総督府は，社会インフラの整備，教育政策と産業育成等の経済政策の面で一定
の成果を挙げたと評価され，商業の発達と朝鮮商人の育成にも影響を与えた。

朝鮮総督府（撮影・1993年）

例えば，南朝鮮西部の巨大地主である金一族が創立した京城紡績は，朝鮮総督府が設立した朝鮮殖産銀行から金融支援を受けて大きく成長しており，朝鮮総督府が朝鮮半島における経済や商業の発達に大きな役割を果たしたことは事実である[2]。

2．朝鮮大地主を母胎とする民族系企業集団の誕生

韓国財閥（大企業集団）は，韓国公正取引委員会（Fair Trade Commission）に拠れば，当初は，総資産4,000億ウォン（約400億円）の企業集団のことを指していたが，2002年には総資産2兆ウォン（約2,000億円）以上に基準が引き上げられ，2008年7月以後は総資産5兆ウォン（約5,000億円）以上に引き上げられ，そして，2016年6月には総資産10兆ウォン（約1兆円）以上に基準が上方修正されたのである。

また，韓国財閥の概念は，三井，三菱，住友等に代表される戦前日本の財閥に由来していることは明白であるが，創業家が自ら財閥総帥として企業経営の先頭に立っているという点において戦前日本の財閥とは異なる[3]。そして，韓国財閥は，図表Ⅱ-1に示すように，「戦前に生成された民族系企業集団」，「戦後に誕生した韓国財閥」，「新興韓国財閥」の三者に分類されるが，第一に，戦前に生成された民族系企業集団とは，三養社，和信商会，斗山（トゥサン）などに代表される創業者を大地主とする企業集団や日本人と共同事業を行っていた朝鮮商人のことであり，第二に，戦後に誕生した韓国財閥とは，現代（ヒュンダイ），三星（サムスン），ラッキー（LG），鮮京（SK），双龍，及び韓国火薬（ハンファ）などの企業集

【図表Ⅱ-1】韓国財閥の変遷

戦前　・三養社　・和信商会　・斗山　→　戦後　・現代　・三星　・ラッキー　→　新興　・大宇　・栗山

---

(2)　木村光彦著，『日本統治下の朝鮮』（中央公論新社，2018年）71ページ。

(3)　日本を代表する財閥である，三井家は，三井高利を家祖として，江戸の商家から創業し，呉服業，両替業へと事業規模を拡大させるが，明治以後は，創業家が自ら企業経営を行うのではなく，外部から三野村利左衛門や中川彦次郎などの有為な人材を招聘して企業経営を付託している。

団のことであり，第三に，新興韓国財閥とは経済成長期に急成長した大宇，栗山等の企業集団のことである。

　まず，戦前に生成された民族系企業集団を代表する三養社と和信商会について検証し，次いで，斗山について検証したい。

　1919年，三養社の創業者である金性洙は，資本金100万円で京成紡績を設立して金融会社・商社・農場の多角化経営を行うと共に，教育やマスコミ分野にも進出し，私学育成専門学校（現，高麗大学校）を設立して，東亞日報を所有した[4]。

　次いで，1926年，和信商会の創業者である朴興植は，資本金25万円で鮮一紙物産を設立し和信百貨店，和信チェーンストア及び和信貿易会社の多角化経営を行った[5]。戦前のソウルでは，日本人経営の丁子屋百貨店本店（現ロッテ百貨店），三中井百貨店本店（現ミリオーレ），三越百貨店京城店（現新世界百貨店本店），平田百貨店（現大然閣センター）と朝鮮人経営の和信百貨店が競業していた。

　一方，最古の韓国財閥である斗山は，創業者の朴承稷が1896年に化粧品事業等を興したことに始まる。その後，後継者（長男）の朴斗秉が，昭和麒麟麦酒（麒麟麦酒が，植民地支配時代に韓国に設立した現地法人）を買収し，東洋ビール（OBビール）を設立するが，1990年代になるとインフラ関連事業へと事業転換を図ったのである。

第2項　大韓民国建国後の韓国財閥の成長

1．現代・サムスン等の戦後誕生韓国財閥の登場

　現代の韓国財閥は，図表Ⅱ-2に示すように，太平洋戦争後に，韓国政府に引き継がれた日本人所有の帰属財産及び帰属事業体を基盤とするが，この帰属財産は当時の南韓総資産の約80％を占める莫大な資産であった[6]。例えば，大日本麦酒（サッポロビール・キリンビール）は，子会社の朝鮮麦酒に引き渡された。つまり，1948年の大韓民国設立に伴い，日本人所有の帰属財産及び帰属事

---

(4)　池東旭著，『韓国財閥の興亡』（時事通信社，2002年）7・13ページ，及び李漢九著，『韓国財閥史』（ソウル大明出版社，2004年）34・36ページに詳しい。

(5)　池東旭・前掲注(4)14ページに詳しい。

(6)　韓国銀行編，『調査月報』11月号（1949年）87ページ。

業体は，李承晩政府との親密度に基づいて民間に引き渡されたのである。

　しかし，日本人所有の帰属財産の払い下げについては，政権担当者である李承晩政府の政治的判断が優先されたため，極めて少数の特恵財産所有者が生まれ，この財産の偏重的移行が韓国財閥を形成する契機となり，健全な資本主義の醸成を妨げることになったと評される[7]。

　また，日本人所有の帰属財産及び帰属事業体が大統領との政治的癒着により配分先が決定された事実は，韓国財閥の特徴的な経営手法である「婚縁（婚脈）」を形成する契機になったのである。

【図表Ⅱ-2】主要な帰属事業体の引受人

帰属事業体	引受人	所属	帰属事業体	引受人	所属
高麗紡績公社	白樂承	泰昌紡績	昭和キリンビール	朴斗秉	斗山
鮮京紡績	崔鐘健	鮮京	サッポロビール	関徳基	朝鮮麦酒
東京紡織	金成坤	金星紡織	朝鮮酒造 郡山工場	姜正俊	白花醸造
旭絹織	金智泰	朝鮮絹織	森永製菓	成昌熙	東立産業
呉羽紡績	鄭載護	三護	森永食品	成昌熙	東立産業
朝鮮紡織	鄭載護	三護	朝鮮東芝	除相録 他	利川電機
郡是工業　大邱工場	薛卿東	大韓紡績	朝鮮油脂	金鐘喜	韓国火薬

（出所）朴炳潤著，『財閥と政治』（ソウル韓国良書，1982年）91-92ページを基に作成。

2．大宇・栗山等の新興韓国財閥の誕生と成長

　1950年当時，韓国社会は，政情不安な状態であり，1961年5月16日に5.16軍事クーデターが発生し，1961年5月19日に国家再建最高会議副議長の朴正熙は，不正蓄財処理基本要綱を発表（1961年6月14日制定）した。そして，朴正熙は，財閥の財産を経済発展に活用することを目的として三星，開豊，ラッキー，東洋などの当時の10大財閥の財閥総帥を拘束し，全財産の国家献納を条件として釈放したのである。

　その後，金宇中と同郷の慶尚道出身の朴正熙が大統領に就任するが，この朴正熙政権下で成長するのが，金宇中が創業した大宇財閥である。金宇中は，

---

[7]　李海珠著，『東アジア時代の韓国経済発展論』（税務経理教会，2001年）131・110-112ページ。

　自身が勤務していた貿易会社の同僚社員や出身校の京畿高校の卒業生を集め
て従業員５人で大宇実業を創業するが，この大宇実業は，従来の韓国財閥とは
異なり創業者一族が経営支配するという組織ではなく，京畿高校の出身者を中
心とする学縁（学閥）を主体とする企業集団であった。そのため，大宇財閥は，
創業家一族の血縁関係者ではなく，外部から優れた専門経営者を招聘すること
ができたことにより短期間に韓国経済を代表する大財閥に成長する。加えて，
大宇財閥が成長できた要因としては，海外からの借款を１年以上返済すること
ができずに会社整理法の対象となり，銀行管理下に置かれている「不実企業」
の経営を引き継ぐことで多角化し，政府から政策金融を引き出したことも挙げ
られるが，この大宇財閥の急速な成長については，「金宇中が，朴正煕の家族
の家庭教師をした縁を最大限に利用して，多額の新規融資を条件として政府か
ら多数の不良企業の引受を行うと共に，輸出支援策を採る政府から各種の特恵
を受けることができたからである」[8]と説明される。

　また，第二の大宇と称されたのが栗山財閥であるが，栗山財閥は，1975年に，
申善浩によりソウル大学工学部の同窓生を中心として資本金100万ウォンによ
り創設された栗山実業に始まる。栗山財閥は，僅か数年間で，栗山建設（1976
年設立），栗山海運（1977年設立），栗山電子・内蔵山観光ホテル・栗山製靴
（1978年設立）を創設するが，1979年には1,523億ウォンという巨額負債を抱え
て倒産する。そして，栗山財閥の経営陣が輸出用の低利の特別金融を悪用した
という容疑をかけられて逮捕される。

　また，朴正煕大統領は，1962年以来，第１次から第４次の「経済開発５か年
計画」を実施するが，第１次及び第２次の経済開発計画時に，少数の特定財閥
のみを対象として各種の特恵金融措置を講じると共に，重化学工業及び総合貿
易会社に対する政府支援を行った。そして，朴正煕政権は，民間企業の保護と
育成のために民間企業の海外借款導入を対象とする「政府の支払保証制度」を
設けて特定の財閥資本を支援したが，この朴正煕政権の支援策は，特定の財閥
資本と朴正煕政権との政治的癒着を示すものであり，図表Ⅱ-3に示すように，
現代・大宇等の重化学工業への進出を促したのである[9]。

　その後，1990年代に入ると，三星等の韓国財閥は，企業経営の多角化を目的

(8)　深川由紀子著，『韓国・先進国際経済論』（日本経済新聞社，1997年）112ページ。
(9)　趙東成著，『韓国財閥』（ソウル毎日経済新聞社，1997年）112ページ。

として銀行株式を所有し金融業にも積極的に進出し始める。

【図表Ⅱ-3】韓国財閥の重化学工業への進出状況（1976年時点）

財閥名	進出した産業分野	株式保有の金融機関
現代 (ヒュンダイ)	自動車，機関車，造船，建設用重装備，重機械，他	第一，韓一，ソウル，江原　他
大宇 (テ ウ)	自動車，機関車，造船，建設用重装備，重機械，他	―
三星 (サムスン)	造船，重機械	朝興，商業，第一，平和，韓一，ソウ，新韓，大九，韓美，ハナ，ボラム，京機，全北，江原
LG	―	第一，韓一，ボラム

(出所)　趙東成著，『韓国財閥』（ソウル毎日経済新聞社，1997年）189ページ，ペジンハン著，『国家と企業の民主的発展：韓国財閥を中心に』（忠南大学校出版部，2001年）54ページ，及び梁先姫稿，「韓国財閥の歴史的発展と構造改革」（四天王寺国際仏教大学紀要第45号，2008年）112・118ページ。

3．ベトナム戦争特需の恩恵を受けた韓国財閥の発展

　周知のことであるが，朝鮮戦争特需により日本経済が復興の兆しを摑んだように，韓国財閥もベトナム戦争特需により大きく発展した。ベトナム戦争とは，1965年に始まり，1973年の和平協定調印を結ぶ（その後，1975年まで再戦する）。

　韓国政府は，南ベトナムや米国の要請を受け韓国軍をベトナムに派兵するが，派兵された韓国軍の人数は約31万人と多く，米国軍に次ぐ第二位であった。

　また，ベトナム戦争では，韓国軍が米国の同盟軍としてベトナム戦争に参戦するだけでなく，図表Ⅱ-4に示すように，三星物産等の財閥系商社や現代建設等の建設会社が，港湾の荷役及び輸送，洗濯等の「用役軍納」や軍服及び軍靴の調達や野戦食料品の調達等の「物品軍納」で活躍し，そして，ベトナムにおける軍事建設である「建設軍納」も担ったのであるが，1968年から1970年が全盛時であったことがわかる。

　つまり，多くの韓国財閥系商社や韓国財閥系建設会社がベトナム戦争特需の恩恵を受けたのであるが，特に，韓国財閥のなかでも目覚ましい活躍をしたのが，韓進グループである。韓進グループは，財閥総帥の趙 重 勲（チョジュンフン）が経済企画院長官兼副総理の張 基栄（チャン ギ ヨン）の協力を受け，軍納物資の輸送を担当して約1億5,000

万ドルの利益を計上するが，韓進グループが軍納物資輸送で活躍できたのは，永年，自動車運送で培ってきた経験と“政経癒着”と批判されるインフォーマル・ネットワーク（人的ネットワーク）を活用した成果であると推測できる。そして，韓進グループは，ベトナム戦争特需の恩恵で得た資金を用いて，グループの中核会社に成長する大韓航空を韓国政府から引き受けて航空業界に参入するのである。

【図表Ⅱ-4】　ベトナム特需（用役軍納及び物品軍納）　　　単位：百万ドル

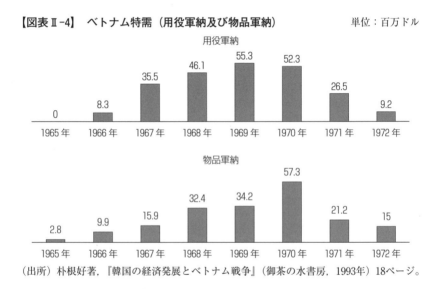

用役軍納

物品軍納

（出所）朴根好著，『韓国の経済発展とベトナム戦争』（御茶の水書房，1993年）18ページ。

第2節　韓国財閥の財力と政経癒着問題

第1項　韓国財閥の資産規模と学縁・婚縁ネットワーク

　現在の韓国における大財閥（大企業集団）とは，図表Ⅱ-5に示すような企業集団であり，37兆ウォンを超える資産規模を有する企業集団のことであるが，財閥間の資産格差が大きい。また，韓国には，資産総額が5兆ウォン（約5千億円）以上の企業集団が65集団存在しているが，100兆ウォンを超える資産規模を有する企業集団である，サムスン，現代自動車，SK，LG，ロッテの五大財閥の韓国経済に対する影響力は大きく，特に，韓国経済におけるサムスンと現代自動車の存在の大きさが目立つ。

【図表Ⅱ-5】韓国企業グループ資産ランキング〈2017年度〉

順位	企業名	順位	企業名
第1位	サムスン	第11位	新世界 (シンセゲ)
第2位	現代自動車 (ヒュンダイ)	第12位	KT
第3位	SK	第13位	斗山 (ドゥサントゥサン)
第4位	LG	第14位	韓進 (ハンジン)
第5位	ロッテ	第15位	CJ
第6位	POSCO（ポスコ）	第16位	富栄 (ブヨン)
第7位	GS	第17位	LS
第8位	韓火 (ハンファ)	第18位	大林 (デリム)
第9位	現代重工業 (ヒュンダイ)	第19位	錦湖アシアナ (クムホ)
第10位	農協	第20位	大宇造船海洋 (テウ)

（出所）韓国公正取引委員会資料を基に作成。

　また，韓国財閥におけるインフォーマル・ネットワークとしては，韓国陸軍士官学校出身者（以下，「陸士」とする），ソウル大学校，延世大学校 (ヨンセ)，高麗大学校 (コリョ)，及び成均館大学校 (ソンギュングァン) 等の有力大学出身者により形成される「学縁（学閥）」が周知されているが，この学縁（学閥）は，政治活動やビジネス活動において機能するインフォーマル・ネットワークであり，例えば，陸士卒業生は，崔圭夏大統領 (チェギュハ) を除き，軍事クーデターで政権奪取した陸士2期の朴正煕大統領 (パクチョンヒ) 以後も，陸士11期の全斗煥大統領 (チョンドゥファン)，陸士11期の盧泰愚大統領 (ノテウ) へと軍事政権が受け継がれ，韓国の財閥形成と政治・経済の発展に多大な影響を及ぼした。韓国財閥の成長に多大な影響を及ぼした朴正煕の経歴は，図表Ⅱ-6に示すように，満州国軍学校を経て日本国陸軍士官学校に留学編入している。そのため，大統領就任当初は，親日派の大統領が誕生したと見做されていたのである。

　また，韓国財閥の婚縁（婚脈）とは，図表Ⅱ-7に示すように大統領等の政界と財界が婚姻により人的結合したインフォーマル・ネットワークのことであり，韓国財閥は「婚縁（婚脈）」を活用してビジネスを拡大させたために，「政経癒着」問題を生じさせる原因となったのである。そして，この婚縁（婚脈）の背景にあるのは，父系血縁組織としての「本貫」とそれを母胎として族譜を刊行する「宗親会」の存在であり，閉鎖的な血縁関係を前提とした固定的な社会構

【図表Ⅱ-6】朴正熙の軍歴

年	軍歴
1937年	大邱師範学校を70人中69位で卒業し，慶北聞慶国民学校に3年間勤務する。
1940年	満州国軍軍官学校に240人中15位で入学する。
1942年	満州国軍軍官学校を首席で卒業し，日本国陸軍士官学校（57期）に留学編入する。
1944年	日本国陸軍士官学校を3位の成績で卒業し，満州国軍歩兵第8師団に配属される。
1946年	韓国国防警備隊士官学校（陸軍士官学校の前身）に入学（第2期）し大尉に任官する。

【図表Ⅱ-7】三大韓国財閥の婚縁ネットワーク（1991年当時）

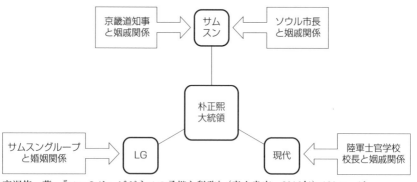

高沢修一著，『ファミリービジネスの承継と税務』（森山書店，2016年）129ページ。

造であると推測できる。そのため，韓国財閥のファミリービジネスに対しては後進的な家族経営であり，国家の経済力が一部の財閥に集中しすぎたため，中小企業の健全な経済発展を妨げたという批判が生じた。

　一方，韓国財閥に対しては，創業家によるファミリービジネスやトップダウン型のマネジメントを採用すると共に，韓国財閥系列下の企業が順送りに互いに株式を保有するという特異な資本構造である「循環出資」を導入することによって，グループ内の団結力を高めながら1960年代から1970年代にかけて韓国経済の発展に大きく貢献したという指摘も存在する。しかし，循環出資は，コーポレートガバナンスの視点から問題点を指摘されると共に，韓国の大手財閥のカリスマ経営者の高齢化に伴う事業承継も問題となっている。

第2項　官治金融・循環出資と政経癒着の弊害

1．官治金融が金融システム構築に与えた影響

　韓国経済を担っている韓国財閥は，第二次世界大戦後に誕生し，1950年から1953年の朝鮮動乱を経て成長するが，政府が金融システムを管理するという「官治金融」下で発展する。

　つまり，韓国の金融システムでは，1961年の「金融機関に関する臨時措置法」に基づき民間銀行が民営化され，政府の開発計画を推進するための政策手段として商業銀行が活用された。そのため，1960年から1990年代の韓国の金融システムは，図表Ⅱ-8に示すように，通貨金融機関と非通貨金融機関の二者が混在するという二重構造が常態化したのである。

　つまり，韓国の金融組織は，「通貨金融機関」と「非通貨金融機関」に大別され，前者は，中央銀行（韓国銀行）と預金銀行に区分され，預金銀行は一般銀行（市中銀行・地方銀行等）と特殊銀行（韓国外貨銀行・中小企業銀行・国民銀行・韓国住宅銀行・農業協同組合・水産業協同組合・畜産業共同組合）に区分され，非通貨金融機関は，開発銀行，投資銀行，貯蓄銀行，保険銀行に分類された。そして，2000年代を迎えると，韓国の金融システムは，二重構造から脱却し預金取扱機関（中央銀行・その他預金取扱銀行）とその他の金融機関が常態化した。

　しかし，官治金融という韓国政府が金融システムを通じて韓国財閥系企業を管理・支配する経済構造は，民主的な資本主義経済に反する歪な形態であり，この経済構造の歪みが韓国財閥における「循環出資」という財閥グループにおける特異な資本構成を生み出し，そして，循環出資が生起した韓国財閥という存在が，大統領等の政界と結びつくという「政経癒着問題」を発生させ，韓国経済の発展を妨げたのである。

【図表Ⅱ-8】韓国の金融システム（1960年代から1990年代）

韓国の中央銀行である韓国銀行（旧朝鮮銀行本店・現韓国銀行貨幣金融博物館）（撮影・2016年）

2．オーナー創業家の持ち株所有比率と事業承継

　従来，韓国財閥の複雑な「循環出資」については問題視されていたが，循環出資とは，「主要な系列企業が順送りに株式を持つ韓国財閥の特異な資本構造であり，創業家一族が少ない持ち株でグループを支配し，次の世代への相続に伴う税負担も軽くなる」[10]と説明される。例えば，韓国財閥は，図表Ⅱ-9に示すように，少数の持ち株でグループ支配を行っているが，オーナー家族の持ち株比率が高いのは，GSグループと新世界グループである。

　現在，韓国財閥では，オーナー家族の持ち株とグループ系列企業の持ち株を合わせると内部所有比率が著しく高くなるため，この循環出資が企業統治を妨げていることは明白である。

　つまり，循環出資は，企業統治を不透明にすると共に健全な企業経営を妨げ，

---

(10)　日本経済新聞（2018年4月19日）参照。

【図表Ⅱ-9】韓国財閥上位グループの持ち株所有比率（2014年4月）

企業名	オーナー家族	系列企業	その他	合計
サムスン	0.99%	41.97%	2.70%	45.66%
現代自動車	3.75%	44.43%	1.01%	49.19%
SK	0.79%	62.56%	1.27%	64.62%
LG	3.89%	34.66%	5.72%	44.27%
ロッテ	2.24%	56.87%	0.34%	59.45%
現代重工業	1.49%	68.98%	3.10%	73.57%
GS	16.25%	41.99%	0.53%	58.77%
韓進	6.33%	37.91%	5.67%	49.91%
韓火	1.97%	54.20%	0.80%	56.97%
斗山（トゥサン）	3.55%	49.33%	5.83%	58.71%
錦湖アシアナ	1.67%	36.85%	1.99%	40.51%
STX	3.28%	53.62%	2.40%	59.30%
LS	4.53%	63.98%	3.91%	72.42%
CJ	7.73%	60.13%	3.43%	71.29%
新世界	16.82%	37.03%	0.03%	53.88%

（出所）日本貿易振興機構（ジェトロ）アジア経済研究所編，「『経済民主化』で注目される財閥オーナーの裁判」（2013年）3ページ。

韓国財閥を主体とする韓国社会の経済格差を助長させている存在であると指摘できる。

　また，韓国大手財閥は，創業家のカリスマ経営者の高齢化という経営問題にも直面しており，企業統治と事業承継の観点からも循環出資を解消しなければならない。そのため，現代自動車グループは，図表Ⅱ-10に示すように，グループ改編計画を検討している。例えば，現代自動車グループは，円滑な事業承継の実現を目指して，改編前の循環出資を廃止し創業家である鄭夢九会長親子をグループの頂点として，自動車部品会社の現代モービスを2社に分割し，そのうちの1社をグループの中核会社として位置づけ，その系列下に，現代自動車と起亜自動車を置く改編を2018年5月に実施したのである。

【図表Ⅱ-10】現代自動車グループの改変計画

※　改変前

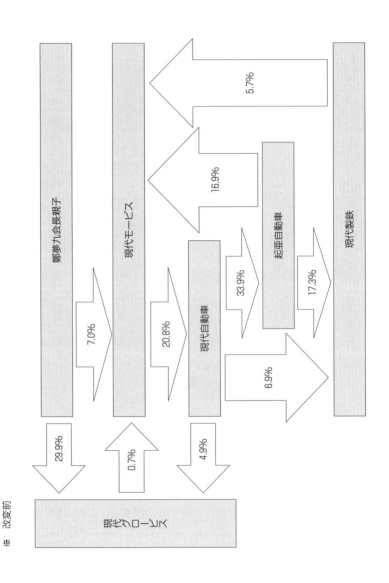

※　改変後

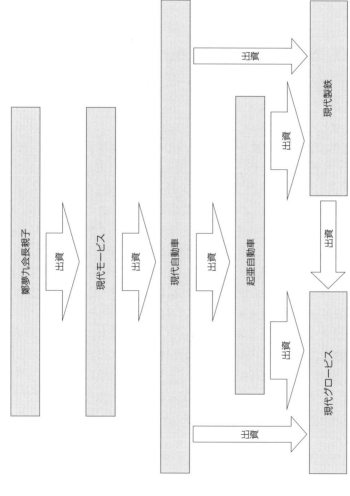

鄭夢九会長親子　出資→　現代モービス　出資→　現代自動車

現代自動車　出資→　起亜自動車

現代自動車　出資→　現代製鉄

起亜自動車　出資→　現代製鉄

現代製鉄　出資→　現代グロービス

起亜自動車　出資→　現代グロービス

現代自動車　出資→　現代グロービス

（出所）日本経済新聞（2018年 4 月19日）参照。

　つまり，現代自動車グループは，グループの円滑な事業承継を実現すること
を目的として，鄭夢九会長親子を頂点とする組織体制の整備を行ったのである
が，2017年5月に発足した文在寅政権においては，公正取引委員会の金商作委
員長が循環出資の改善を促しており，今後，サムスングループなどの韓国財閥
においてグループ改編の動きが加速することが予測される。

第3節　歴代韓国大統領の政治改革と財閥改革

第1項　金大中・盧武鉉大統領のコーポレートガバナンス改革

　金大中は，1997年の大統領選挙において，第一野党の新政治国民会議を率い
ていた与党のハンナラ党から出馬した李会昌を破り4度目の挑戦で第15代大
統領に当選したが，当選後，金大中は，大宇財閥を解体すると共に，現代財閥
を再編し，公的企業8社を民営化し，外国人投資家に市場を開放することによ
り，2001年に195億ドルを完遂して IMF 体制から脱却を目指した[11]。また，金
大中は，図表Ⅱ-11に示すように，少数株主の権利を強化すると共に，取締役
会の権限を強化する「コーポレートガバナンス改革」を断行したが，親族や側
近の政治スキャンダルに巻き込まれ，清新なイメージを失墜させる。例えば，
2002年に，国会議員である長男の金弘一が選挙資金絡みの不正である「陳承
鉉ゲート」に連座し斡旋収賄罪により有罪判決を受け，さらに，次男の金弘業
と三男の金弘傑も斡旋収賄罪で逮捕され罰金刑に処せられた。しかし，金大中
自身は，脱税・不正事件に関与することがなかったため2003年に任期満了で大
統領を退任し，2009年に死去した際には国葬が執り行われている。

　また，2002年の韓国大統領選挙では，ネチズン（盧武鉉の支持を表明したネ
ット住民）の支持を受けた与党新千年民主党候補者の盧武鉉が当選する。

　この盧武鉉は，慶尚南道の貧農の家に生まれ苦学して司法試験に合格した
人権派弁護士であり，軍事政権時代の大統領とは異なり軍部の支援が得られず，
さらに，与党内において多数派を形成する全羅南道出身の金大中グループの
支持を得ることができなかったため，自ら新党「ヨルリンウリ党」を結党して
与党を割った。その後，盧武鉉は，大統領在任期間中の2004年に大統領弾劾訴

【図表Ⅱ-11】金大中大統領のコーポレートガバナンス改革の概要

（Ⅰ）1998年末まで
①　上場法人の少数株主権行使要件は，株主代表訴訟提起が１％から0.01％に緩和され，取締役解任請求が１％から0.5％に緩和された。
②　上場法人に対して社外取締役制度を導入し，98年末までに最低１名以上の社外取締役を設け，99年中に取締役の４分の１以上の社外取締役を設けることを定めた。
③　企業集団の結合財務諸表を導入する。
④　集中投票制を導入する。　　　　　　　　　　　　　　　　　　　　　　　　　他
（Ⅱ）1999年
①　2000年中に，総資産２兆ウォン以上の大規模上場法人に対して，３名以上に社外取締役を拡大し，2001年以後に取締役の２分の１以上に社外取締役を設けることに拡大した。
②　監査委員会の設置を義務化した。
③　社外取締役を選任する際に，候補推薦委員会の推薦を義務化した。
④　銀行，資産２兆ウォン以上の証券会社等の大規模金融機関の支配構造を改善し，社外取締役数を拡大し，監査委員会設置を義務化した。　　　　　　　　他

（出所）財政経済部資料及び髙龍秀稿，「韓国のコーポレートガバナンス―資金調達・株主構造を中心に―」『甲南経済学論集』第50巻第１・２・３・４号（甲南大学，2010年）64ページ。

追され大統領の職務を一時停止させられた[12]。

　また，盧武鉉政権の政治施策としては「太陽政策」が挙げられるが，経済政策としては，一定の出資総額制限企業集団を対象として，①所有支配乖離度・議決権乗数，②単純出資構造，③支配構造模範企業における書面投票制・集中投票制・内部取引委員会・社外取締役候補推薦委員会のうちからの３つ以上の設置・運営，④持株会社という４つの卒業制度（要件）を課すという「コーポレートガバナンス改革」を断行している[13]。ところで，出資総額制限は，韓国財閥の無制限な拡大の抑制を図るため，1986年に資産総額合計4,000億ウォン以上の大規模企業集団を対象として設けられた制度のことであり，財閥グルー

---

(12)　前掲注(11)176-178ページ。

(13)　髙龍秀稿，「韓国SKグループにおける持株会社を通じたグループ再編」『甲南経済学論集』第48巻第４号（2008年）67ページ。

プが取得することができる系列会社の株式数は，系列企業の純資産の40％以内（1994年に純資産の25％以内に改正される）に制限されている。但し，2002年，出資総額制限は，規制対象が資産規模5兆ウォン以上の企業集団に変更された。

第2項　2018年韓国税制改正と文在寅大統領の財閥改革

　文在寅大統領は，2017年5月10日の演説において，①雇用の創出，②財閥改革，③政経癒着の解消ということを述べており「財閥改革」に意欲を示した。

　また，文在寅政権の経済政策は，図表Ⅱ-12に示すように，「①所得主導型成長，②雇用創出につながる経済建設，③公正な競争，④イノベーションを通じた成長の4つの柱で構成されており，財閥改革は基本的に公正な競争のなかに位置づけられる」[14]と説明される。

　そして，韓国財閥における財閥改革が求められている第一の理由としては，財閥への経済力集中に伴う弊害が挙げられる。例えば，30大財閥のなかでも，サムスン，現代自動車，SK，LGの四大財閥への集中が進行しており，30大財閥の資産総額の対GDP比が2002年の49.5％から2015年に90.4％へと1.83倍に進

【図表Ⅱ-12】文在寅政権の経済政策

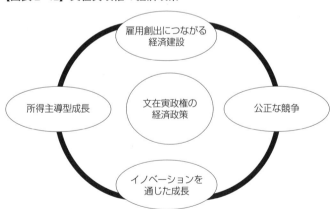

（出所）向山英彦稿，「文在寅政権下で韓国の財閥改革は進むのか」環太平洋ビジネス情報RIMVol. 181，No. 68（2018年），37ページ。

---

[14]　向山英彦稿，「文在寅政権下で韓国の財閥改革は進むのか」環太平洋ビジネス情報RIMVol. 181，No. 68（2018年），37ページに詳しい。

んだのに対して，四大財閥の資産総額の対GDP比は33.3％から65.2％へと1.96倍に進み，特に，サムスンは9.4％から22.6％へと2.39倍となり，韓国四大財閥への経済力の集中が進行している[15]。そのため，文在寅大統領は，韓国財閥への経済力集中に伴う弊害の是正を目的として，財閥改革における手段として税制改革を断行し，2018年税制改正法を2017年12月19日に成立させ（2017年12月5日に国会本会議で可決），課税標準が3,000億ウォン（2億7,000万米ドル）を超過する法人税率区分を新設し，法人税率を22％から25％に改正したのである。

　また，投資・共生協力促進制度（法人留保金課税制度）が改正され，図業Ⅱ-13に示すように税率が増加し，法人の内部留保金に対する規制が強化された。

【図表Ⅱ-13】投資・共生協力促進制度の改正

	改正前の投資・共生協力促進制度（法人留保金課税制度）	改正後の投資・共生協力促進制度（法人留保金課税制度）
課税方式（A）	{当該年度の調整課税所得×80％－（投資＋賃金増加＋配当金等）}×11％	{当該年度の調整課税所得×（60％～80％）－（投資＋賃金増加等）}×22％
課税方式（B）	{当該年度の調整課税所得×30％－（賃金増加＋配当金等）}×11％	{当該年度の調整課税所得×（10％～20％）－（賃金増加等）}×22％

（注）課税方式（A）と課税方式（B）の選択適用となる。
（出所）Japan tax alert 2018年1月25日（EY税理士法人）を基に作成。

　つまり，2018年税制改正により法人税率と投資・共生協力促進制度（法人留保金課税制度）が改正されたが，これらの税制改正は韓国財閥の企業経営にも影響を与えることになった。例えば，韓国の法人税が25％ならば，「10大企業の負担は，1兆3,827億ウォン（約1,400億円）増す」と分析され，そして，「最も負担が膨らむ企業はサムスン電子であり，法人税は13.5％（4,327億ウォン・約450億円）増える」と分析されている[16]。既述のように，文在寅政権は，財閥企業と非財閥企業の所得格差の解消を目指して，法人税に関する税制改正を実施したが，この改正は韓国財閥の法人税の納税額を増加させることになり企業経営にも影響を与えることが予測できる。

────────────

(15)　前掲注(14)44ページ。
(16)　産経ニュース（https://www.sankei.com/premium/news/171227/prm1712270003-n3.html）参照。

　一方，日本の安倍晋三政権は，生産性の向上を図ることを目的として，税金の負担割合を20％まで引き下げることを検討している。この結果，日韓における大企業の法人税の負担割合は逆転することになり，韓国財閥の国際的競争力を削ぐことになる。

　また，韓国の財界及びメディアは，2018年税制改正について国際的な租税競争（Harmful tax competition）に逆行する行為であると批判する。一般的に，租税競争とは，自国の経済発展を目的として，「国内産業の国際的な競争力を高めることにより国内資本の強化を図るか，又は，外国資本を積極的に誘致することにより海外からの直接投資の増進を図るために，当該国内の租税負担を国際的水準よりも緩和させることである」[17]と説明される。例えば，アメリカは，2018年から連邦法人税率を現行の35％から21％に引き下げることを決定し（10年間で1.5兆ドルの巨額減税が実現する），イギリスも，2020年までに法人税率を現行の20％から17％に引き下げることを表明している。そのため，文在寅政権下の韓国の2018年税制改正は，国際的な法人税減の潮流に反する税制改革であると指摘されている。そして，韓国財閥における財閥改革が求められている第二の理由としては，政経癒着の解消が挙げられるが，この政経癒着問題の原因となっているのは韓国財閥のファミリービジネスを形成するインフォーマル・ネットワークである。

　従来，韓国財閥のファミリービジネスを形成するインフォーマル・ネットワークとしては，韓国士官学校，ソウル大学校，延世大学校，高麗大学校，及び成均館大学校等の学縁（学閥）の存在が注目されていたが，学縁（学閥）が，政治家，官僚，及び財界人等のホワイトカラーにおける人脈ネットワークであるのに対して，財界におけるインフォーマル・ネットワークの形成においては，学縁（学閥）よりも婚縁（婚脈）の比重の方が高く，韓国財閥を代表するサムスングループ，現代グループ，及びLGグループは，政治家，官僚，陸軍士官学校，及び財閥等を介して互いに婚姻関係を結びながら大統領とも縁戚関係を形成しているのである。

　しかし，政経癒着問題は，韓国財閥における粉飾決算及び不正会計の温床となっているのも事実であり，政経癒着問題の解決のためには，コーポレートガ

⒄　C. Pinto（1998）, "EU and OECD to Fight Harmful Tax Competition: Has the Right Path Been Undertaken?", *Intertax*, Vol. 26. p. 386.

バナンスを確立させ，健全な企業会計を実施し法人税の納税を遵守し，利害関
係者の支持を得られるような事業承継を行うことが求められるのである。

第Ⅲ章
韓国五大財閥のファミリービジネスと事業承継問題

第1節　韓国財閥のファミリービジネスと事業承継

　韓国社会においては，儒教が精神的主柱として存在するが，韓国財閥のファミリービジネスの特質としては，朱子学を根源とする儒教思想に基づく家父長制の下で，男尊女卑や男系長子相続と大家族主義を前提とする事業承継が挙げられる。例えば，韓国財閥を代表とするLGグループでは，儒教を拠りどころとする家族関係を基盤としてファミリーの帰属意識を醸成するために"人和団結主義"を標榜して，具家と許家の親戚関係にある二家による大家族主義に基づく共同経営が行われてきた。

　つまり，韓国の儒教的ファミリービジネスでは，企業を『イエ』の延長上の存在として捉え，家父長制や男系長子相続を前提とする儒教的概念を企業経営にも移植したと推測できる。実際に，LGグループでは，図表Ⅲ-1に示すように，創業家を主体とする男系長子相続と大家族主義により企業内の団結力を高めることに成功し繁栄しているのである。

　また，錦湖アシアナグループも，図表Ⅲ-1に示すように，LGグループと同様に，儒教を重んじ長幼の序に基づく「兄弟経営」を不文律として同族の団結力が強い企業であったが，経営戦略の相違から三男と四男の間で争いが生じ財閥解体の途を辿った。

　一方，韓国財閥を代表する現代グループとロッテグループは，図表Ⅰ-8及び図表Ⅰ-9に示すように，事業承継において長子相続を採らなかったため承継争いを契機として財閥分裂し，現代グループは，韓国企業グループ首位の座を喪失したのである（図表Ⅵ-5参照）。

　しかしながら，韓国経済を代表する韓国財閥を財閥創業家が支配するという構図は，創業家による私物化であると指摘される。例えば，韓進グループの大韓航空が生起したチョ・ヒョンア副社長（当時）のナッツ・リターン騒動

【図表Ⅲ-1】LG グループとアシアナグループの事業承継

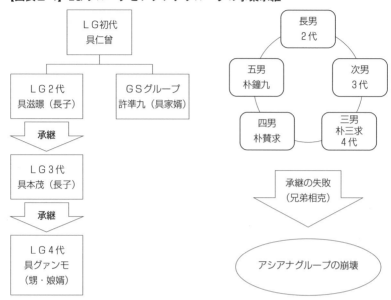

（2014年）と，チョ・ヒョンミン専務（当時）のパワハラ問題（2018年）は世間から批判の的となった。

　勿論，韓国財閥における創業家によるトップダウン型のファミリービジネスに対しては，財閥総帥（財閥オーナー）の意思決定を迅速にマネジメントに反映させると共に，将来性の期待できる新分野に積極的に進出できる点でも優れており韓国経済の発展に寄与したという評価もある。但し，韓国財閥が用いた循環出資は，企業統治を不透明化し韓国社会における経済格差を助長させているのも事実であり，韓国財閥の儒教思想に基づくファミリービジネスが韓国経済に果たした役割は功罪半ばしているのである。

第2節　サムスングループの成長と事業承継

第1項　三星商会の開業とサムスン電子の躍進

　サムスングループは，李秉喆が1938年に大邱において資本金3万円で創業した三星商会を端緒とする。その後，サムスングループは，1948年に李承晩大

統領の知遇を受けながらソウルにおいて三星物産公司を設立し，朴正熙政権
下の1969年にサムスングループの中核企業となる三星電子工業（以下，「サム
スン電子」とする）を設立して電子工業分野にも進出する。加えて，サムスン
グループは，旧三越百貨店京城店を事業承継し新世界百貨店を開業して流通業
界にも進出し，韓国財閥を代表する企業集団に成長する。但し，1997年に，新
世界グループ（2001年に，「新世界百貨店」から「新世界」に商号変更した）は，
サムスングループから分離した。

　また，韓国企業525社の営業利益の合算額は，韓国取引所の発表（2017年1
月から9月期連結決算の集計結果）に拠れば，120兆4,572億ウォン（約12兆円）
と前年同期に比べて28％増加したが主力の半導体大手2社を除けば微増に留ま
った[1]。特に，韓国経済を牽引する存在であるサムスン電子は，図表Ⅲ-2に示
すように，主力の半導体メモリーの営業利益が大幅に増え，連結売上高が前年
比17％増加し連結営業利益も前年比92％増加している。そして，この数値は，
韓国経済におけるサムスン電子の存在の大きさを示しているが，逆に，韓国経
済を牽引している産業分野が半導体に依存するという経営課題も示唆している
のである。

第2項　サムスングループの分裂と承継問題

　サムスングループは，創業者である李秉喆と李承晩大統領との交友関係を
活かして成長するが，創業者の李秉喆が死去した際に，儒教文化を重視する韓

【図表Ⅲ-2】韓国上場企業2017年1月〜9月期決算

単位：十億ウォン

	サムスン電子	ポスコ	LG電子	SK ハイニックス	ネイバー	セルトリオン
■連結売上高	173,596	45,057	44,432	21,081	3,412	674
□連結営業利益	38,498	3,469	2,101	9,255	888	367

（出所）日本経済新聞（2017年11月16日）。

---

(1)　日本経済新聞（2017年11月16日）参照。

【図表Ⅲ-3】サムスングループの事業承継

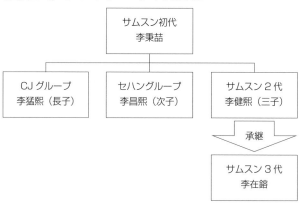

国社会において極めて異例な事業承継を行い，李秉喆の長子ではなく第三子である李健熙を事業承継者に選定したため，図表Ⅲ-3に示すように分裂した。

ソウル中央地裁は，2017年2月17日に，朴槿恵大統領に賄賂を贈った容疑により，「犯罪事実が明らかであり，証拠隠滅の恐れがある」として，サムソン電子副会長の李在鎔に対する逮捕令状を出した。そして，ソウル中央地検は，図表Ⅲ-4に示すように，朴槿恵に対して，①朴槿恵が李在鎔から経営権継承を巡る支援要請の見返りとして賄賂を授受した点（収賄），②崔順実が事実上の支配を行っている二つの財団に対して寄付するように強制した点（職権乱用及び強要），③崔順実に政府人事案等の公文書を提供した点（公務上秘密遅漏），④CJグループ副会長に対する辞任要求をした点（強要未遂）等の容疑をかけた

【図表Ⅲ-4】サムスングループの政経癒着

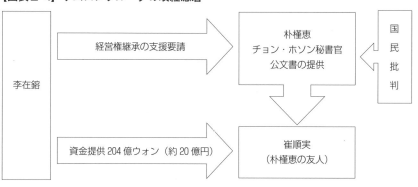

のである。この李在鎔の逮捕は，朴槿恵政権下における崔順実の国政不正介入事件の実態を解明することを目的としたものであるが，財閥総帥の逮捕はバイオ分野への進出を目指しているサムスンの企業経営に影響を与える可能性がある。さらに，サムスングループの企業経営においては，コーポレートガバナンス（Corporate Governance）の欠如を指摘できるのである。

第3節　現代グループの成長と事業承継

第1項　現代建設の開業と現代グループの分裂

　現 代グループは，鄭 周泳を創業者とする。鄭 周泳は，サムスングループ創業者である李 秉 喆が地主を生家として日本留学（早稲田大学）の経験を有するのとは対照的に貧農の家に生まれたため家出を繰り返しながら，京城の米屋に就職し1938年に米穀商（京一商会）を開業した。そして，鄭周泳は，大韓民国独立後の1946年にソウルで修理業を生業とする現代自動車工業社を開業し，翌年に現代土建社（現・現代建設）を開業し，朴 正 熙政権下で，高速道路，ダム，原子力発電所等の大規模プロジェクト建設を請け負うことにより事業を拡大させ1972年に造船業にも進出した。

　しかし，鄭周泳の死後，現代グループでは，グループ総帥の座を巡る事業承継問題が発生し，図表Ⅲ-5に示すように，現代，現代自動車（現代―起亜自動

【図表Ⅲ-5】現代グループの財閥分裂

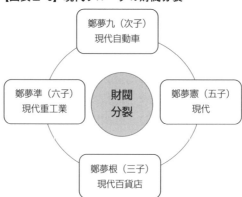

車グループ），現代重工業，現代百貨店の4グループに分裂する。

　つまり，現代グループは，グループ創業者である鄭周泳の晩年に，子息たちによる事業承継争いが生じ，五男の鄭夢憲が現代グループを承継したが，現代自動車，現代重工業，現代百貨店，現代海上火災保険などの主力企業が相次いでグループから離脱・独立したため，韓国経済界における現代グループの影響力は大きく後退したのである。

　本来，現代グループは，一族の団結力の強い企業集団であったが，財閥分裂によりグループ力が低下した。分裂後，現代グループの本流は現代自動車に継承されることになるが，かつてサムスングループと並称されていた頃と比べると，図表Ⅲ-6に示すように，現代自動車とサムスンの間では資産総額や売上高で格差が生じている。

【図表Ⅲ-6】現代自動車とサムスンの財務分析（2016年4月）

単位：兆ウォン

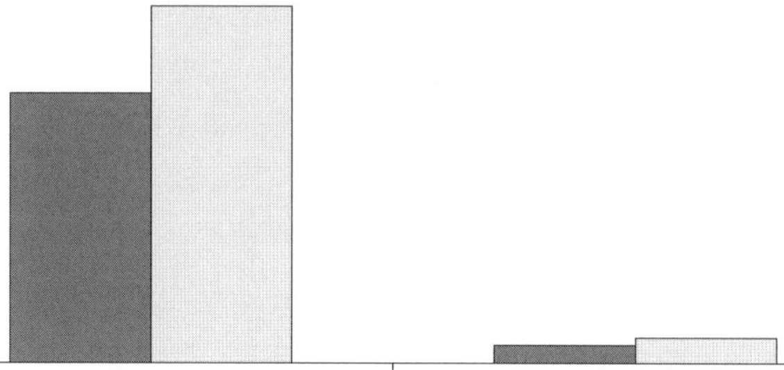

	売上高	当期純利益
■現代自動車	163.5	11.7
□サムスン	215.5	16.2

第2項　現代グループの金剛山観光事業の挫折

　現代グループ創業者の鄭周永は，金大中大統領の南北融和政策である「太陽政策」を受けて，北朝鮮の金正日総書記と会談して，9億4,200万ドルを観光料として支払う代わりに金剛山観光開発事業の独占的権利を取得し金剛山一帯を特別経済区に指定すると共に，「金剛山観光開発事業」を請け負って研究開発団地を造成することに合意した。

　1999年，現代グループは，鄭周永会長と金正日総書記の会談を受けて対北朝鮮事業専門企業である「現代峨山」を発足させた。この金剛山観光は，仏教の

聖地であると共に景勝地であるため，観光解禁中の11年間の観光客が約195万人を数え人気の観光スポットとして韓国国民の注目を集めたが，韓国人の女性観光客が北朝鮮兵士に銃撃されて死亡したことを受けて観光事業が終了し，韓国側の資産も北朝鮮に没収されたのである[2]。この金剛山観光事業の挫折は，現代グループの中核企業であった現代建設を経営危機に陥らせ，そして，現代電子産業のグループ離脱の要因ともなり，それまでの現代グループの安定した企業経営を脅かす結果になったのである。その後，金剛山開発は頓挫していたが，朝鮮半島新経済地図構築構想を打ち出した文在寅（ムンジェイン）大統領は，平昌冬季五輪における南北朝鮮の急速な政治的接近を受け韓国経済の発展と活性化を目的として南北間の市場及び経済統合と開城工業団地における南北経済協力の再開を検討し始めている。

　また，現代グループには，グループ分裂後に，現代商船，現代エレベーター，現代証券などの僅かの企業しか残らず，さらに，財閥総帥の鄭夢憲に対する北朝鮮への不正資金送金疑惑が取り沙汰され，2003年，鄭夢憲は，北朝鮮への不正資金送金疑惑に関して検察からの取り調べを受け本社ビルからの投身自殺を図った。そして，鄭夢憲（チョンモンホン）の死後，妻の玄貞恩（ヒョンジョンウン）が現代グループの財閥総帥を承継したのであるが，玄貞恩ファミリーは，ペーパーカンパニーを活用したリースを巡る不正事件を生起させており，現代グループの企業経営は必ずしも万全の状態であるとはいえない。さらに，現代グループは，海運不況を受けて，その経済的補塡のための2013年に韓国証券業界で資産規模第4位の現代証券を売却し金融業界から撤退を図り，事業計画の再生を目指したが，韓国財閥ランキング上位からも外れることになったのである。

第3項　現代自動車グループのオリンピック競技支援

　韓国財閥のスポーツ支援は，1988年のソウルオリンピックを端緒とする。韓国政府からの要請を受けて，韓国財閥の会長は，アーチェリー協会，ハンドボール協会，レスリング協会，馬術協会，卓球協会，射撃連盟等の競技団体の会長職に就き，競技支援を行ったのである。

　この韓国大財閥のオリンピック競技支援事業としては，現代自動車（ヒュンダイ）グルー

---

(2)　西日本新聞（http://www.nishinippon.co.jp/wordbox/article/88）参照。

プのアーチェリー競技への支援，サムスングループのレスリング競技への支援，SK グループのハンドボール競技への支援，そして，ハンファグループの射撃競技への支援が有名である。例えば，現代自動車グループは，鄭 夢九会長が大韓アーチェリー協会の会長及び名誉会長を歴任し，現在も現代自動車副会長の鄭 義宣が大韓アーチェリー協会の会長を務め，アーチェリー競技の振興を目的として30年以上にわたり380億ウォン以上の資金援助を行っている。その結果，韓国のアーチェリー競技は，2016年のリオオリンピックでは，韓国男女アーチェリー代表チームが個人戦・団体戦で4個の金メダルを獲得している。そして，この韓国アーチェリーチームの活躍を支えたのは，現地競技場と全く同一の練習場において一日中，練習を行うことができるという競技環境を提供した韓国大財閥の存在である。

　つまり，韓国スポーツ競技団体は，財閥からの資金援助を受けることができる団体と，資金援助を受けることができない団体とでは資金力の面で大きな格差が生じることになり，スポーツの世界においても韓国財閥の影響力が窺え，韓国のスポーツ競技，特にオリンピック競技は，韓国大財閥の支援により成立しているのである。

第4節　SK グループの成長と事業承継

第1項　鮮京からの社名変更と M&A の活用

　SK グループは，創業者の崔 鐘 建が，1953年に鮮京織物を母体企業として設立した繊維メーカーであり，その後，鮮京（1976年），SK 商事（1998年），及び SK グローバル（2000年）と社名を変更し，韓国第3位の資産規模を有する企業集団に成長した。

　また，SK グループは，1969年に鮮京合繊を設立して化繊事業分野に進出し，1973年に鮮京石油を設立し，1980年に大韓石油公社を M&A（merger & acquisition）して化学・石油事業分野に進出し，さらに，1994年に韓国移動通信を M&A し，1997年に大韓テレコムを M&A して携帯通信電話事業分野へと進出している。

　現在，SK グループの中核を担う存在は，半導体分野で世界第4位の地位を占める SK ハイニックスであるが，2017年12月期決算に拠れば，SK ハイニッ

クスの連結営業利益は，図表Ⅲ-7に示すように，サムスン電子の連結営業利益
4分の1を計上しているに過ぎない。

【図表Ⅲ-7】韓国半導体企業の比較

単位：億ウォン

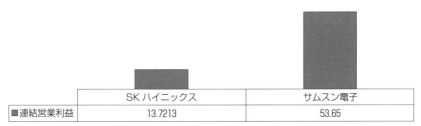

	SK ハイニックス	サムスン電子
■連結営業利益	13.7213	53.65

（出所）日本経済新聞社（2018年4月4日）。

第2項　持株会社によるグループ再編と承継問題

　SK グループの総帥の座は，創業者の崔鐘建（チェジョンコン）から崔鐘建の弟へと承継され，
一時的に，崔ファミリー以外の出身である孫吉丞が財閥グループ総帥に就任し
たが，その後，創業家の出自であり盧泰愚元大統領の娘婿である崔泰源（チェテウォン）に継承
された。しかし，2017年，SK グループは，崔泰源会長の離婚騒動を生起させ
ている。

　また，SK グループは，グループに対する創業家の支配力を明確にし，ファ
ミリービジネスを強めることを目的として図表Ⅲ-8に示すように，系列会社7
社をグループの支配下におく持株会社によるグループ再編を行ったのであるが，
この SK グループの持株会社によるグループ再編の特徴は，「総帥一族が持株
会社を直接に支配するのではなく，一族が非上場企業の SKC&C を支配し
SKC&C が持株会社の大株主となるという点と，持株会社である SK（株）に対
する内部所有比率が低いという点である」[3]と説明される。しかし，持株会社で
は，グループの中核会社である SK ネットワークスと SK テレコムが，持株会
社に対してそれぞれ，15%と30%の株式を保有するという "循環出資" が行わ
れており問題点が指摘されている。

―――――――――
(3)　高龍秀稿，「韓国 SK グループにおける持株会社を通じたグループ再編」『甲南経済学論
　　集』第48巻第4号（2008年）11ページ。

【図表Ⅲ-8】持株会社によるグループ再編（2007年）

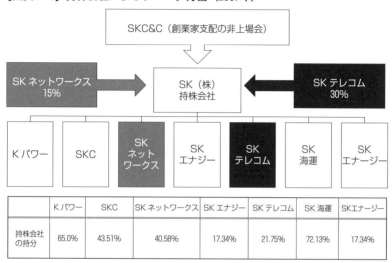

	Kパワー	SKC	SKネットワークス	SK エナジー	SK テレコム	SK 海運	SKエナージー
持株会社 の持分	65.0%	43.51%	40.58%	17.34%	21.75%	72.13%	17.34%

第 5 節　LG グループの成長と事業承継

第 1 項　ラッキー金星からの社名変更と海外進出

　LG グループは，グループ創業者である具仁會が1931年に具仁會商会を設立したことに始まり，1947年に，具仁會は，許準九（具家の婿）と共に，化粧品製造業の楽喜化学工業社（現・LG 化学）を設立し，その後，1958年に金星社を創業し，1995年に LG エレクトロニクスに社名変更している。

　また，LG グループは，具本茂の 3 代目会長就任に際して，グループ名をラッキー金星（Lucky Goldstar）から LG グループに変更したが，これは，海外進出を意識したものであり，具家と許家による共同経営の決別とも考えられる。

　2017年12月期において，LG グループの業績（連結営業利益）は好調であり，特に，LG 化学（ 2 兆9,284億ウォン）と，LG ディスプレイ（ 2 兆4,620億ウォン）が最高益を更新し，それぞれ，前期比47%，88％と伸長している。そして，LG グループ業績は，化学部門や電機・IT 部門のみならず，家電（白物）部門においても好調であり，サムスングループや現代自動車グループと同じように海外市場に積極的に進出している。

　特に，インドにおける冷蔵庫及び TV 市場においては，図表Ⅲ-9・Ⅲ-10に

【図表Ⅲ-9】 インドにおける主要家電製品〔冷蔵庫〕シェア

冷蔵庫 順 位	2013年		2014年		2015年	
	企業名	シェア	企業名	シェア	企業名	シェア
1位	LG	24.2%	LG	24.2%	LG	24.2%
2位	サムスン	23.2%	サムスン	22.8%	サムスン	22.6%
3位	Godrej	12.5%	Godrej	12.3%	Godrej	12.6%
4位	Whirlpool	12.1%	Whirlpool	12.2%	Whirlpool	12.5%
5位	Videocon	8.8%	Videocon	8.6%	Videocon	8.4%
6位	その他	19.2%	その他	19.9%	その他	19.7%

（出所）三菱東京 UFJ 銀行編，「インドのエレクトロニクス業界」『海外業界レポート』（2016年）。

【図表Ⅲ-10】 インドにおける主要家電製品〔TV〕シェア

Ｔ Ｖ 順 位	2013年		2014年		2015年	
	企業名	シェア	企業名	シェア	企業名	シェア
1位	サムスン	25.4%	サムスン	22.8%	サムスン	24.4%
2位	LG	23.3%	LG	19.9%	LG	22.7%
3位	ソニー	12.4%	ソニー	15.4%	ソニー	17.4%
4位	Videocon	10.8%	Videocon	10.0%	Videocon	9.3%
5位	Onida	5.1%	Onida	10.0%	Philips	5.0%
6位	その他	23.0%	その他	21.9%	その他	21.2%

（出所）三菱東京 UFJ 銀行編，「インドのエレクトロニクス業界」『海外業界レポート』（2016年）。

示すように，LG グループとサムスングループの2社で約50％のシェアを占めている。例えば，冷蔵庫市場では，地元企業（Godrej・Videocon）と欧州企業（Whirlpool）が存在し，そして，TV 市場では，地元企業（Videocon），欧州企業（Philips），日本企業（ソニー）が存在するが，LG グループとサムスングループの強さが際立っている。

第2項　創業家共同経営の限界と GS グループの誕生

LG グループは，創業家において財閥総帥の地位を巡る争いが多い韓国財閥のなかで，円滑な事業承継が行われている稀有な企業集団である。

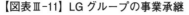

【図表Ⅲ-11】LG グループの事業承継

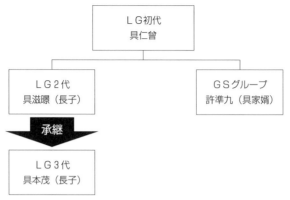

　従来，LG グループでは，図表Ⅲ-11に示すように，儒教思想に基づく長子承継と，具家と許家の二家共同によるファミリービジネスが行われてきた。つまり，LG グループは，"人和団結主義"を標榜して，家族関係を尊重するという韓国の伝統的な風習に基づいてグループ構成員の帰属意識を醸成したのである。そして，この LG グループのファミリービジネスについては，世代を超えて数多くの家族構成員が少しずつ株式を保有し，かつ経営に参与することによりグループの一体性を維持してきたと評されるが，グループ会長がすでに第三世代に入っており，経営に参加している両家の親同士が四親等，五親等離れるケースも生まれ，家族概念が日本よりも広く深い韓国とはいえども，これだけ親等が離れると家族としての一体感は希薄となり，共同でファミリー経営していくことに困難も生じてきたと説明される[4]。

　加えて，GS グループの創設には，人事面での活性化を図るという意義もある。なぜならば，LG グループの共同経営は，具家と許家の創業家から100人以上の理事を生み出しており，トップ人事が停滞するという経営上の問題点を現出させていたからである[5]。そのため，LG グループは，創業者一族に対して系列企業を分与するという緩やかな財閥分割を行ったのである。具体的には，1999年

⑷　安倍　誠稿，「韓国/通貨危機後のグループ再編　　LG の持株会社制度導入と系列分離」アジ研ワールド・トレンド No. 119（2005年8月）6ページ。
⑸　山根眞一稿，「韓国財閥と持株会社　―LG の持株会社化を事例として―」京都大学経済論叢第179巻第5・6号（2007年6月），28ページに詳しい。

に，具家の直系血族に対してLG火災を分与し，2000年に，具仁會の三男にアワホームを分与し，具仁會の四男にLGベンチャー投資を分与し，2004年に，共同経営に終止符を打ちLGグループからGSグループを分離させたのである。

　すなわち，LGグループは“人和団結主義”という経営理念を実現することを目的として，現代グループのように創業家の承継争いに伴い財閥解体が急速に進行する前に，自らの意思で系列企業を創業者一族に分与するという緩やかな財閥分割を選択したのである。

第3項　LGグループの養子縁組による事業承継の可能性

　LGグループ3代目の具本茂には実子の男系後継者が存在しないため，2018年の具本茂の死後に養子の具グァンモLG電子常務の承継が検討されたが，LGグループの承継には，創業家における“家長優先主義”という特徴が窺えるのである。特に，LGグループは，韓国財閥のなかでも儒教に基づく長子相続の意識が強い企業集団であり，二人の実子（娘）がいるのにもかかわらず，2004年に具本茂は具グァンモを養子に迎えている。

　但し，具グァンモがLGグループを事業承継する場合には，図表Ⅲ-12に示すように，具本茂が保有する株式を相続し，LG持株会社を用いてLGグループを支配することが求められるが，約1兆ウォン（1,000億円）とも試算される多額の相続税の納税負担を背負うことになる。

　また，養子制度は，有効な人的承継の手法であるが，伝統的な社会的身分と地位を示す「族譜」と「家門」の影響下にあり，封建的な父系血縁関係を重視する韓国社会において他家からの養子を迎えることは難しい。なぜならば，韓国では，父系血統の男子が先祖の祭祀を承継することを目的として，「養子縁組ハ男系ノ血族間ニノミ行ハレ男系ノ血族ハ常ニ同族ヲ称スルコトヲ以テ養子ハ依然トシテ本姓ヲ称ヘ之ヲ変更スルコトナシト雖モ常ニ養親ト同姓ヲ称スル」とする“同姓同本の血縁者養子縁組”が永年行われてきたからである[6]。

　近年，韓国社会では，図表Ⅲ-13に示すように，家族観が変化し血の繋がりを前提としない“異性の養子縁組”も容認され始めたが，創業家によるファミ

---

(6)　同姓同本の血縁者養子縁組の事例としては，同父兄弟ノ子（男），其他男系ノ血統タル従兄弟，再従兄弟，三従兄弟，四従兄弟等の子（男）が考えられる。

　　（出所）朝鮮総督府編著，「慣習調査報告書」（1912年）275・320・326ページ。

【図表Ⅲ-12】LG グループの持株会社制度

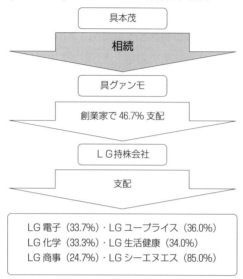

（注）カッコの中の数字は，LG 持株会社の出資比率
（出所）日本経済新聞（2018 年 5 月 22 日）を基に作成。

【図表Ⅲ-13】韓国家族法の主たる改正

年	改正内容
1960年	異性養子制度が廃止され，戸主制度と財産制度が分離された。
2000年	1997年の韓国憲法裁判所の違憲判決を受けて，同姓同本禁婚制度が確定した。
2005年	家族法改正により戸主制度が全面的に廃止された。
2008年	民法改正案が施行された。

リービジネスを前提とするする韓国財閥において他家から養子を迎えることは
考えられないのである。そして，女性経営者がグループ総帥の座に就くことも，
儒教文化の影響を受けて封建的な父系血縁関係を重視する韓国社会においては
難しいのである。

第6節　ロッテグループの成長と事業承継

第1項　在日コリアンの成功と韓国進出・財閥形成

　ロッテグループは，在日コリアンの辛格浩（重光武雄）が韓国に設立した財閥であるが，韓国財閥のなかで後発の企業集団として位置づけられる。

　創業者の辛格浩は，朝鮮慶尚南道蔚山郡に誕生して日本に留学（早稲田実業学校卒）するが，在日コリアン企業家（在日コリアン1世）を象徴する代表的な存在であり，1948（昭和23）年に株式会社ロッテを設立し，進駐軍のチューインガムに触発を受けてガムの製造を開始し，1960年代に，日本のガム市場の約70％を占めるまでに成長し日本国内で，ロッテ商事，ロッテリア，ロッテ不動産，ロッテ物産，及びロッテ会館等の多角化経営に乗り出す。

　一般的に，日本に居住している在日コリアンは，韓国籍，朝鮮籍，帰化者，及びニューカマーにより構成され，韓国籍を有しながら日本に居住している韓国系企業経営者のことを「在日コリアン企業家」と称するが，在日コリアン企業家にみられる特徴は，日本国内において企業経営上の制約を受けるという厳しい経営環境から事業を始めながらも，新しい事業分野に積極的に進出していく企業家精神にある[7]。そして，ロッテ創業者の辛格浩は，企業家精神に基づきビジネスを成功させた在日コリアン企業家の代表的な存在である。

　つまり，ロッテグループは，1967年に朴正熙大統領の庇護の下，韓国にロッテ製菓を設立して韓国での投資を本格化させ，ロッテハム，ロッテ乳業，及びロッテ畜産等の食品関連企業を事業展開した。そして，ホテルロッテ（日本のロッテホールディングスが19.1％出資），ロッテショッピング等を事業展開する。

　現在，ロッテグループは，図表Ⅲ-14に示すように，ロッテホールディングス（日本）と，韓国ロッテグループにより成り立っているが，前者には，ロッテ，ロッテ商事，ロッテリア，及び千葉ロッテマリーンズが所属し，後者には，ホテルロッテ，ロッテショッピング，ロッテ製菓，ロッテ化学，及びロッテカードが所属する。

---

(7)　Bonacich, Edna（1973）"A Theory of Middleman・Minorities" *American Sociological Review*, Vol. 38, pp583-594.

【図表Ⅲ-14】ロッテグループの事業体

```
              ┌─────────────────────────┐
              │        ロッテ             │
              │ 創業者 重光武雄（辛格浩）  │
              └─────────────────────────┘
                          │
          ┌───────────────┴───────────────┐
┌───────────────────────────┐ ┌───────────────────────────────┐
│     韓国ロッテグループ       │ │   ロッテホールディングス（日本）  │
│  次男 重光昭夫（辛東彬）     │ │   長男 重光宏之（辛東主）        │
│                           │ │                               │
│  ホテルロッテ（観光）       │ │   ロッテ（食品）               │
│  ロッテショッピング（流通）  │ │   ロッテ商事（商社）           │
│  ロッテ製菓（食品）         │ │   ロッテリア（外食）           │
│  ロッテ化学（化学）         │ │   千葉ロッテマリーンズ          │
│  ロッテカード（金融）他     │ │                          他    │
│                           │ │                               │
│ ※2016年12月期             │ │ ※2017年3月期                  │
│   売上高92兆ウォン          │ │   売上高3,200億円              │
└───────────────────────────┘ └───────────────────────────────┘
```

第2項　創業家の承継問題とグループの経営課題

　現在，ロッテグループは，日韓両国に経営拠点を有する大企業グループに成長しているが，2015年，日本ロッテホールディングスを統率する兄の辛東主（重光宏之）とロッテグループ会長で弟の辛東彬（重光昭夫）の間で，創業者である辛格浩を巻き込んだ創業家の内紛劇が発生し，辛東彬がその内紛劇を制してグループ経営権を掌握した。

　しかし，2018年2月13日，辛東彬は，ロッテが朴槿恵大統領側と友人の崔順実が関与する財団に70億ウォンの賄賂を提供したとして懲役2年6か月の実刑判決を受けた。そして，この辛東彬の実刑判決は，ロッテの創業家支配に影響を与えた。なぜならば，ロッテグループの承継問題が長引くことは，観光，流通，食品等の消費者へのサービスを提供する企業にとっては，著しく企業イメージを低下させることになるからである。

　また，ロッテグループは，新市場の開拓を目的として中国進出を目指し中国全土に112店舗のロッテマートを展開していたが，THAAD配備に際して土地を提供した責めを問われ，度重なる税務調査の対象にされると共に不買運動に

も見舞われて業績を大きく低下させ，2017年に中国市場からの全面撤退を余儀なくされた。しかし，ロッテグループは，経営的な視点から業績不振のロッテマートを中国市場から撤退させることを検討していたため，この機会を絶好のタイミングとして捉え中国市場からの撤退を図ったとも推測できる。

　つまり，辛東彬に対する実刑判決と逮捕は，グループ総帥の統率力を減退させ承継問題にも影響を与えると共に，ロッテグループのブランドイメージを毀損させた。そして，ロッテマートの中国市場からの完全撤退は，新市場の開拓というビジネスチャンスを喪失させたのである。そのため，ロッテグループに求められることは，創業家の事業承継問題の解決と，日韓両国に跨るロッテグループのコーポレートガバナンス（Corporate Governance）の確立であり，そして，中国市場に代わる新たな市場の獲得である。

第Ⅳ章
韓国財閥の企業ゾンビ化と血税支援問題

第1節　ゾンビ企業の識別と財務分析の基準

第1項　ゾンビ企業の定義と2つの識別方法

　ゾンビ企業については，明確な定義が統一されているわけではないが，本書では，「ゾンビ企業とは，超過債務のため企業再生の可能性がないのにもかかわらず，追加融資や金利減免等の金融機関からの支援によって再生している収益性の乏しい非生産的な企業のことである」[1]と定義したい。また，韓国財閥の系列企業のなかには，金融機関からの金融支援に加えて，韓国政府からの税制支援を受けてゾンビ化している企業も多いが，図表Ⅳ-1に示すように，世界規模でも増加しているのである。

　つまり，企業ゾンビ化の要因としては，金融支援（追加融資・金利減免）と税制支援（血税投入）の2つが挙げられる。

　現在，ゾンビ企業の識別には2つの方法が存在する。例えば，ゾンビ企業の識別方法としては，Caballero と星　岳雄が提唱した「期首の有利子負債残高と最低支払利息の関係に注目して，最低限支払うべき利息（最低支払利息）の理論値を算定し，実際の支払利息が最低支払利息を下回った場合には，ゾンビ企業として判定する」という方法である[2]。

　しかし，ゾンビ企業の識別において，この判別方法を採用した場合には，金融機関からの追加融資を受けることにより本来の財務体質が劣悪であるのにもかかわらず，支払利息を支払うことができたならばゾンビ企業の判定から見逃されてしまう恐れもあり，必ずしも適切な識別方法であるとは言い難い。その

---

(1)　星岳雄稿，「ゾンビの経済学」，岩木康志他編著，『現代経済学の潮流2006』（東洋経済新報社，2006年）第2章に詳しい。

(2)　Caballero, Hoshii and Kashyap (2008), "Zombie Lending and Depressed Restructuring in Japan" *American Economic Review* pp. 1943-1977.

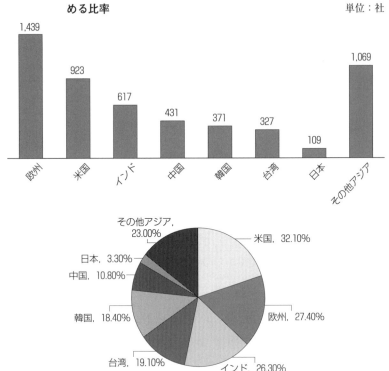

【図表Ⅳ-1】 3年連続でゾンビ化した企業数とゾンビ化企業が各国・地域に占める比率

単位：社

（出所）日本経済新聞社（2019年8月11日）参照。

ため，ゾンビ企業の識別方法としては，前述のCaballeroと星 岳雄が提唱した識別方法に加えて，「①営業損益に受取利息配当金を加えた金額と，②利払前税引前損益のいずれかが最低支払利息を下回るか否かによりゾンビ企業であるかどうかを識別する」方法を併用している[3]。

　また，政府と金融機関が，本来であれば倒産している企業を「ゾンビ企業」として延命・再生させている理由としては，図表Ⅳ-2に示すように，積極的理由と消極的理由の二つが考えられる。例えば，積極的理由としては，韓国財閥との関係の深さに起因する「政経癒着」であり，消極的理由としては，「金融機

(3) 中村純一・福田慎一共稿，「いわゆる『ゾンビ企業』はいかにして健全化したのか」『経済経営研究』Vol. 28, No. 1, （日本政策投資銀行設備投資研究所，2008年）5ページ。

関の不良債権の未処理」が挙げられる。

【図表Ⅳ-2】ゾンビ企業が生まれる理由

第 2 項　韓国財閥系列企業のゾンビ化の実態

　ゾンビ企業の識別方法としては，簡便的に「利子補償倍率」や「負債比率」等を用いることもある。第一に，利子補償倍率とは，図表Ⅳ-3に示すように，営業利益を有利子負債の利子費用で除した財務指標のことであり，利子補償倍率が高いほど企業の債務返済能力が健全であり，利子補償倍率が低ければ企業の債務返済能力に問題が生じていると認識できる。

【図表Ⅳ-3】利子補償倍率の公式

利子補償倍率（%）＝営業利益÷有利子負債の利子費用×100

　また，利子補償倍率が 1 倍未満の場合には，営業利益によって有利子負債の利子さえも返却できないことになり，この利子補償倍率が 3 年連続で 1 倍未満の場合には，「ゾンビ企業」と識別することができる。例えば，韓国財閥におけるゾンビ企業としては，図表Ⅳ-4に示すような企業が挙げられる。

【図表Ⅳ-4】代表的な韓国ゾンビ企業（2015年時点）

利子補償倍率	企業名	業種
0.81	エクサケム	石油化学
0.56	アシアナ航空	輸送
0.50	大韓電線	IT 電機電子

0.45	東部製鉄	鉄鋼
0.34	ハルラ	建設
0.19	ロッテ精密化学	石油化学
0.16	STX 重工業	造船・機械
0.16	LG シルトロン	IT 電機電子
0.15	SK 建設	建設
0.11	韓進海運	輸送
0.00	ISU 化学	石油化学
−0.37	STX 造船海洋	造船・機械
−0.42	CJ フードビル	飲食
−0.47	大成産業	エネルギー
−0.47	現代コスモ	石油化学
−0.50	韓進重工業	造船・機械
−0.57	アルファドームシティ	建設
−0.84	STX	商社
−0.95	現代商船	輸送
−1.05	斗山（ドゥサン）建設	建設
−1.90	東部建設	建設
−1.95	OCJ	石油化学
−1.99	大昌	鉄鋼
−3.51	慶南企業	建設
−3.68	LS ネットワークス	生活用品
−4.64	ハンファ建設	建設
−4.83	斗山（ドゥサン）エンジン	造船・機械
−7.15	現代三湖重工業	造船・機械
−7.09	KCC 建設	建設
−27.13	双龍自動車	自動車
−29.65	双龍建設	建設

−30.80	大宇造船海洋	造船・機械
−149.43	サムナム石油化学	石油化学

（出所）産経ニュース（https://www.sankei.com/world/expand/160603/wor1606030011−11.html）参照。

　第二に，負債比率とは，図表Ⅳ-5に示すように，負債（他人資本）を自己資本で除した財務指標のことであり，負債比率が低いほど企業の債務返済能力が健全であり，負債比率が高ければ企業の債務返済能力に問題が生じていると認識することができる。例えば，負債比率が100％以下の数値であれば優良企業であると認識でき，負債比率が101％から300％の数値が標準であり，負債比率が400％を超えると資本欠損となり企業再生が難しくなる。実際に，韓国財閥中位の東部グループは，数多くの系列企業が負債比率400％を超えゾンビ化している。

【図表Ⅳ-5】負債比率の公式

負債比率（％）＝負債（他人資本）÷自己資本×100

貸借対照表（B/S）

資産の部	流動資産	×××	流動負債	×××	負債の部
			固定負債	×××	（他人資本）
	固定資産	×××	純資産	×××	純資産の部
	繰延資産	×××			（自己資本）

第2節　韓国財閥と韓国造船業界の関係

第1項　韓国造船業の建造量シェア

　韓国造船業界は，2015年度の船舶建造量世界シェアにおいて約38％を占めるが，韓国の造船業界を代表する企業としては，現代重工業，サムスン重工業，大宇造船海洋，STX造船海洋の4社が挙げられる。

　また，韓国造船業界の売上高は，図表Ⅳ-6に示すような状態であり，そして，韓国造船業界上位3社の売上高は年々増加しているため順調に成長しているようにみえる。

【図表Ⅳ-6】韓国造船業界の売上高比較　　　　　　　　　　単位：億ウォン

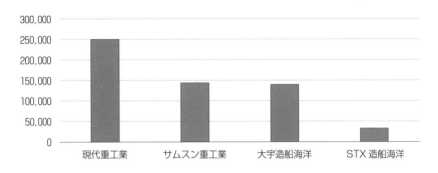

2012年売上高

区分	2008年	2009年	2010年	2011年	2012年
現代重工業	199,570	211,421	224,081	250,196	250,550
サムスン重工業	106,644	130,949	130,539	133,917	144,894
大宇造船海洋	110,746	124,425	120,745	139,032	140,578
STX造船海洋	30,056	41,912	39,401	42,692	33,992

（出所）韓国造船業界大手4社ホームページを基に作成。

　しかしながら，韓国造船業界大手4社の財務内容は必ずしも安定しているとはいえず，大宇造船海洋とSTX造船海洋の2社は経営破綻に陥っている。ところが，大宇造船海洋には血税支援が行われたのに対して，STX造船海洋の場合には，血税支援が行われることなく，2016年5月27日，同社はソウル中央地裁に法定管理の申請を行ったのである。

　2017年3月23日，韓国政府は，大宇造船海洋に対して債務の株式化を含む6兆7,000億ウォン規模の金融支援をまとめるが，韓国検察庁から粉飾決算に基づく不正会計の疑いをもたれている大宇造船海洋の救済を目的とした血税支援に対しての批判も多い。

　また，STX造船海洋は，図表Ⅳ-4に示すように，利子補償倍率が-0.37であるのに対して，大宇造船海洋の利子補償倍率は-30.80であり，本来であれば，利子補償倍率が低いSTX造船海洋を救済するべきであるのに，大宇造船海洋に対して金融支援や血税支援を実施している点にも韓国財閥と政界との間で何

らかの癒着があったのではないかという政経癒着問題を指摘できるのである。

第2項　韓国造船業の財務分析

1. 現代重工業の財務内容

　現代重工業の収益性は，図表Ⅳ-7に示すように，売上高が年々増加している
にもかかわらず，営業利益及び営業利益率は，減少傾向を示しており収益性は
悪化している。そして，現代重工業の自己資本比率も，図表Ⅳ-8に示すように，
20％～50％の間で推移しており，安全性の面でも不安定な状態であり，加えて，
短期借入金が年々増加傾向を示すという特徴も有している。特に，2008年には，

【図表Ⅳ-7】現代重工業の損益計算書　　　　　　　　　　単位：億ウォン

区分	2008年	2009年	2010年	2011年	2012年
売上高	199,570	211,421	224,081	250,196	250,550
売上総利益	31,450	31,447	47,448	38,476	28,123
営業利益	22,061	22,225	35,636	26,128	12,846
当期純利益	22,566	21,464	30,557	20,757	11,050
売上総利益率	15.758%	14.874%	21.174%	15.378%	11.224%
営業利益率	11.054%	10.512%	15.903%	10.443%	5.127%

（出所）現代重工業事業報告書を基に作成。
（注）売上総利益率（％）＝売上総利益÷売上高×100
　　　営業利益率（％）＝営業利益÷売上高×100

【図表Ⅳ-8】現代重工業の貸借対照表　　　　　　　　　　単位：億ウォン

区分	2008年	2009年	2010年	2011年	2012年
現金及び現金同等物	6,674	19,212	18,538	16,099	11,076
短期借入金	—	5,853	31,149	72,122	75,825
長期借入金	153	51	328	22,898	37,587
負債総計	196,851	150,641	150,691	308,243	305,318
自己資本	55,952	110,086	154,514	181,765	187,413
負債純資産合計	252,803	260,727	305,205	490,008	492,731
自己資本比率	22.132%	42.222%	50.626%	37.094%	38.035%

（出所）現代重工業事業報告書を基に作成。
（注）自己資本比率（％）＝自己資本÷負債純資産合計×100

皆無な状態であった短期借入金が2009年以後は増加しているが，この増加傾向は，キャッシュ・フローの悪化を防ぐことを目的としていると推測できる。つまり，現代重工業は，売上高において韓国造船業界首位の座を占めているが，財務内容に鑑みた場合には，必ずしも健全な財務内容であるとはいえないのである。

2．サムスン重工業の財務内容

　サムスン重工業の収益性は，図表Ⅳ-9に示すように，2008年の世界金融危機と，2011年の主要先進国の財政危機を受けても，売上高が年々増加させている。そして，サムスン重工業は，コスト削減に努めたため，韓国造船業界における

【図表Ⅳ-9】サムスン重工業の損益計算書　　　　　　単位：億ウォン

区分	2008年	2009年	2010年	2011年	2012年
売上高	106,644	130,949	130,539	133,917	144,894
売上総利益	10,878	11,391	13,782	17,633	19,351
営業利益	7,553	7,936	9,972	10,826	12,056
当期純利益	6,273	6,698	8,884	8,512	7,964
売上総利益率	10.200%	8.698%	10.557%	13.167%	13.355%
営業利益率	7.082%	6.060%	7.639%	8.084%	8.320%

（出所）サムスン重工業事業報告書を基に作成。
（注）売上総利益率（％）＝売上総利益÷売上高×100
　　　営業利益率（％）＝営業利益÷売上高×100

【図表Ⅳ-10】サムスン重工業の貸借対照表　　　　　　単位：億ウォン

区分	2008年	2009年	2010年	2011年	2012年
現金及び現金同等物	3,839	5,466	4,216	8,055	9,289
短期借入金	2,581	16,832	13,381	5,848	12,469
長期借入金	1,735	5,812	1,862	996	5,442
負債総計	237,630	173,469	141,791	117,699	113,520
自己資本	23,241	20,405	38,163	46,430	52,829
負債純資産合計	260,871	201,874	179,954	164,138	166,349
自己資本比率	8.909%	14.070%	21.207%	28.292%	31.757%

（出所）サムスン重工業事業報告書を基に作成。
（注）自己資本比率（％）＝自己資本÷負債純資産合計×100

競業相手に比較すると営業利益及び営業利益率等の収益性は高いと評価されている。しかしながら，サムスン重工業の短期借入金は，図表Ⅳ-10に示すように，キャッシュ・フローの悪化に伴い年々増加傾向を示しているため必ずしも安定した状態とはいえない。

3．大宇造船海洋の財務内容

大宇財閥は，韓国第2位の大財閥であったが，大宇財閥の中核企業である大宇自動車の経営難を発端として解体の道を辿ることになり，その財閥解体の過程で財閥総帥の金宇中（キム ウ ジュン）会長が43兆ウォンを持ち逃げして国外逃亡を図ったため，2006年に懲役10年と210億ウォンの罰金刑に処せられている。その後，大宇造船海洋は，大宇財閥を形成していた大宇重工業の造船部門が産業銀行を筆頭株主（31.26％の株式保有）として独立した。

また，大宇造船海洋の売上高は，図表Ⅳ-11に示すように，2008年の11兆746億ウォンから2012年の14兆578億ウォンにまで増加しているにもかかわらず，営業利益率は2008年の6.762％から2012年の3.458％にまで低下しているが，この大宇造船海洋における売上高の増加と営業利益の減少については，「3年連続で100億ドル以上の受注を確保し，世界で最初に海洋部門受注が100億ドルを突破するなど，新規受注の好調が造船部門の落ち込みをカバーした。しかし，営業利益は，2011年の半分以下に急減し，6,496億ウォンに留まったが，株式投資の減損処理，及び長期売上債券の貸倒引当金の設定ミスが収益下落の原因になった」[4]と説明される。

【図表Ⅳ-11】大宇造船海洋の損益計算書　　　　　　　　単位：億ウォン

区分	2008年	2009年	2010年	2011年	2012年
売上高	110,746	124,425	120,745	139,032	140,578
売上総利益	10,562	9,787	13,969	16,502	11,359
営業利益	7,489	6,845	10,110	10,612	4,862
当期純利益	3,420	5,775	7,801	6,864	2,218
売上総利益率	9.537％	7.865％	11.569％	11.869％	8.080％
営業利益率	6.762％	5.501％	8.373％	7.632％	3.458％

（出所）大宇造船海洋事業報告書を基に作成。
（注）売上総利益率（％）＝売上総利益÷売上高×100
　　　営業利益率（％）＝営業利益÷売上高×100

【図表Ⅳ-12】大宇造船海洋の貸借対照表　　　　　　　　　　　　単位：億ウォン

区分	2008年	2009年	2010年	2011年	2012年
現金及び現金同等物	14,435	8,056	4,781	5,416	2,667
短期借入金	2,615	964	10,369	16,820	22,204
長期借入金	590	4,429	5,824	11,281	11,048
負債総計	72.419	118.787	101.335	121.576	115.679
自己資本	35.148	32.575	40.432	45.020	45.542
負債純資産合計	107,577	151,362	141,767	166,596	161,221
自己資本比率	32.672%	21.521%	28.520%	27.023%	28.248%

（出所）大宇造船海洋事業報告書を基に作成。
（注）自己資本比率（%）＝自己資本÷負債純資産合計×100

　一方，2008年から2012年までの売上高が増加しているのにもかかわらず，現金及び現金相当額は，図表Ⅳ-12に示すように減少傾向を示しキャッシュ・フローも悪化している。そして，短期借入金及び長期借入金も図表Ⅳ-12に示すように増加しているが，現金及び現金同等物の不足を借入金により賄うという悪循環に陥っているのである。

　つまり，大宇造船海洋の企業財務は，自己資本比率が20%後半の数値で推移しており，他人資本を自己資本で賄うことが難しくなっており安全性の面で問題点を指摘できる。

　また，2012年度の大宇造船海洋の借入金は，図表Ⅳ-13に示すように，筆頭株主の産業銀行が主軸を担っており，短期借入金の融資割合が約14%を占め，長期借入金の融資割合が約38%を占めているが，2012年度は，流動性の確保を目的とする資金調達が増加し，無担保社債の拡大が目立つが，これは同社の財務安全性が悪化したことを意味する[5]。

　実際に，2012年度の公募社債発行状況は，図表Ⅳ-14に示すような状態であるが，2015年と2017年に満期日を迎える一般公募社債が多いため資金繰りが困難になった。

---

(4)　日本船舶輸出組合・一般財団法人日本船舶技術研究協会編著，「韓国船舶産業ファイナンス確保等の実態に関する調査」（2014年）83ページ。
(5)　前掲注(4)104ページ。

【図表Ⅳ-13】大宇造船海洋の借入金割合（2012年度）

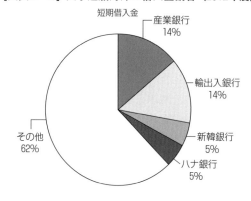

短期借入金

産業銀行
14%

輸出入銀行
14%

新韓銀行
5%

ハナ銀行
5%

その他
62%

長期借入金

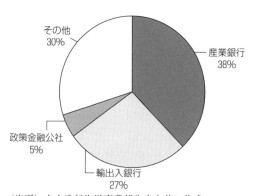

その他
30%

産業銀行
38%

政策金融公社
5%

輸出入銀行
27%

（出所）大宇造船海洋事業報告書を基に作成。

【図表Ⅳ-14】大宇造船海洋の公募社債発行状況　単位：億ウォン

債券種類	発行金額	表面金利	発行日	満期日
一般公募社債	3,000	3.50	2012. 11. 29	2017. 11. 29
一般公募社債	2,000	3.34	2012. 11. 29	2015. 11. 29
一般公募社債	2,000	3.52	2012. 07. 23	2015. 07. 23
一般公募社債	3,000	3.73	2012. 07. 23	2017. 07. 23

（出所）大宇造船海洋事業報告書を基に作成。

4．STX 造船海洋の財務内容

　STX 造船海洋の前身は，1962年に釜山影山で創業された「大韓造船鉄工所」であるが，同社は，アジア通貨危機の影響を受けて経営破綻し，2001年に STX 造船として再創業され，2009年に STX 造船海洋に社名変更している（2003年に株式上場する）。

　その後，同社は，2014年に上場廃止となり，2016年5月27日，ソウル中央地裁に法定管理（会社更生法適用に相当する）を申請したが，同社の経営悪化は2012年の財務諸表から推測できる。なぜならば，同社の売上高は，2011年に4兆ウォンと一時的に回復傾向を示すが，原材料費の高騰を受けたため営業利益は売上高の増加に比べてさほど増加しておらず，逆に，翌2012年を迎えると，STX 造船海洋の売上総利益，営業利益，及び当期純利益は，図表Ⅳ-15に示すように，マイナスの数値を示し赤字に転落しているからである。また，同社の自己資本比率は，図表Ⅳ-16に示すように，2012年になると10%を割り，内部留保金も減少し財政面で悪化している。

　この同社の業績悪化の理由については，中国，韓国，日本の三国が世界的な規模で受注競争を展開するなかで，安価を提供する中国企業に対抗することができなかったことが挙げられるが，加えて，攻撃的経営手法にも問題があったと指摘できる。例えば，同社は，大連に，「STX 大連造船海洋総合生産基地」を設立することにより，鎮海，釜山，中国大連，ノルウエー・フィンランド（STX ヨーロッパ）という「グローバル生産3軸」を完成させると共に，世界

【図表Ⅳ-15】STX 造船海洋の損益計算書　　　　　　　単位：億ウォン

区分	2008年	2009年	2010年	2011年	2012年
売上高	30,056	41,912	39,401	42,692	33,992
売上総利益	1,602	1,722	2,653	1,831	▲3,117
営業利益	944	987	1,855	1,038	▲4,001
当期純利益	430	▲1,556	753	▲197	▲6,316
売上総利益率	5.330%	4.108%	6.733%	4.288%	―
営業利益率	3.140%	2.354%	4.708%	2.431%	―

（出所）STX 造船海洋事業報告書を基に作成。
（注）売上総利益率（%）＝売上総利益÷売上高×100
　　　営業利益率（%）＝営業利益÷売上高×100

【図表Ⅳ-16】STX造船海洋の貸借対照表　　　　　　　　単位：億ウォン

区分	2008年	2009年	2010年	2011年	2012年
現金及び現金同等物	1,967	4,032	2,167	1,364	4,237
短期借入金	2,615	11,707	11,122	22,747	22,623
長期借入金	589	550	—	9,154	6,657
負債総計	72,419	65,202	50,340	117,332	121,970
自己資本	13,754	11,026	16,980	17,077	13,148
負債純資産合計	86,173	76,228	67,320	134,409	135,118
自己資本比率	15.960%	14.464%	25.222%	12.705%	9.730%

（出所）STX造船海洋事業報告書を基に作成。
（注）自己資本比率（%）＝自己資本÷負債純資産合計×100

造船メーカーとしては，創めて一般商船，旅客船，海洋プラント，軍艦の造船4部門全船種を全て生産できる能力を備えたが，一方で，急激な成長により資金力の面で問題を生じさせたのである[6]。

第3項　韓国造船業への政府対応

1．大宇造船海洋に対する血税支援

　2016年，韓国検察腐敗犯罪特別捜査団は，大宇造船海洋の粉飾決算の摘発を目的として，大宇造船海洋の本社と玉浦造船所等の家宅捜索を行った。なぜならば，前述したように，大宇造船海洋の財務内容を分析すると，2008年から2012年まで売上高が増加しているのにもかかわらず，5年連続で営業利益率が減少し続けると共に，現金及び現金相当額も減少し，さらに，キャッシュ・フローも悪化するという逆現象を示しているからである。そして，韓国検察腐敗犯罪特別捜査団は，「大宇造船海洋は，追加建造費用を『今後受け取る資金（未請求工事）とする』ことによって，損失を売上と利益に化けさせた」[7]と推測している。

　また，2017年3月23日，韓国政府は，粉飾決算による不正会計を疑われている大宇造船海洋に対して債務の株式化を含む6兆7,000億ウォンの金融支援をまとめた。

---

(6)　東亜日報（http://Japanese.donga.com/List/3/all/27/413310/1）参照。

(7)　中央日報（http://japanese.joins.com/article/686/216686.html）参照。

　但し，この血税支援に対しては，韓国世論だけではなく，日本政府からも経済協力開発機構（OECD）造船部会において，「市場から退出すべき企業が公的支援で生き残れば，公正競争が阻害される」[8]と問題提起されている。既述のような大宇造船海洋への血税支援のケースは，大宇造船海洋という韓国の一企業の救済という枠組みを超え，国際的な規模で造船業界に対して危機をもたらす可能性を有していると認識しなければならない。

　つまり，造船会社に対する公的支援では，公正な企業競争が担保として求められることになる。しかし，韓国政府は，韓国財閥及び韓国企業に対して，法人税の減税という優遇税制を適用し，韓国政府が世界経済のグローバル化のなかで韓国財閥の国際的競争力を醸成するという国策を講じ，韓国財閥が獲得した資金（外貨）を拠りどころとして国家財政を確立するという国家戦略を展開しているのである[9]。

2．STX 造船海洋の法定管理申請

　STX 造船海洋の経営破綻では，大宇造船海洋のケースとは異なり血税支援が行われることなく，2016年5月27日，同社はソウル中央地裁に法定管理の申請を行った。この両社の明暗については，韓国政界との癒着の差にあるのではないかと推測できる。例えば，大宇造船海洋の経営陣は，2004年から60人の政界関係者が大宇造船海洋の顧問，諮問役，及び相談役の職に就き平均8,800万ウォンの報酬（年俸）を得ており，そして，これらを監視しなければならない立場にある社外理事も天下りであり，社外理事の約40％が政界にかかわった人材であったと報告されている[10]。

　つまり，韓国大財閥を出自としないSTX 造船海洋は，韓国政界との関係が希薄であるため，血税支援を受けることができなかったのではないかと推測できる。

---

(8)　日本経済新聞（http://www.nikkei.com/article/DGXKZO10577710S6A211C1EA1000/）参照。

(9)　髙沢修一著，『近現代日本の国策転換に伴う税財政改革』大東文化大学研究叢書35（大東文化大学経営学研究所，2017年）153ページ。

(10)　中央日報（http://japanese.joins.com/article/686/216686.html）参照。

第 4 項　韓国造船業の M&A 戦略と建造量世界ランキング

　韓国政府主導の下，韓国造船業界最大手の現代重工業は，韓国造船業の強化
を目的として，大宇造船海洋の56％の株式を保有する韓国政府系金融機関の韓
国産業銀行から条件付きで株式を購入することを表明したが，現代重工業と大
宇造船海洋の合併が実現した場合，図表Ⅳ-17に示すように，造船業界世界シ
ェアの約15％を占める世界最大規模の造船会社が誕生することになる。

【図表Ⅳ-17】世界的な造船会社の建造量とシェア（2017年）

順位	企業名	建造量（万総トン）	シェア
1 位	現代重工業（韓国）	547	8.1%
2 位	サムスン重工業（韓国）	497	7.3%
3 位	大宇造船海洋（韓国）	494	7.3%
4 位	今治造船（日本）	393	5.8%
5 位	現代三湖重工業（韓国）	346	5.1%
6 位	上海外高橋造船（中国）	311	4.6%
7 位	ジャパンマリンユナイテッド（日本）	219	3.2%
8 位	江蘇新揚子造船（中国）	193	2.9%
9 位	城東造船海洋（韓国）	154	2.3%
10 位	韓進重工業（韓国・フィリピン）	150	2.2%

（出所）日本経済新聞（2019年 2 月 1 日）参照。

　逆に，日本の造船会社は，韓国の造船会社と比べて劣勢の立場に立たされて
いる。そして，日本の造船業界は，世界第 1 位の現代重工業と世界第 3 位の大
宇造船海洋の合併による韓国造船業界の再編成に対して危機感を有しており，
図表Ⅳ-18に示すように，三井 E&S 造船が常石造船と業務提携し，三菱重工業
が今治造船，大島造船所，及び名村造船所と業務提携して韓国造船業界に対抗
することを試みている。

　今回の現代重工業を主体とする韓国造船業界の業界再編に対しては，合併後
の 2 社の世界的シェアに加えて，現代三湖重工業のシェアを加えた場合には，
現代重工業グループの世界シェアが図表Ⅳ-19に示すように，20％を超える。
そのため，中国や日本において「韓国造船業界の業界再編は，韓国政府主導下
における韓国政府系金融機関による韓国政府の事実上の金融支援に該当し，そ

【図表Ⅳ-18】 日本の造船業界の業務提携

（出所）日本経済新聞（2019年2月1日）参照。

【図表Ⅳ-19】 造船業界の世界シェア（2017年）

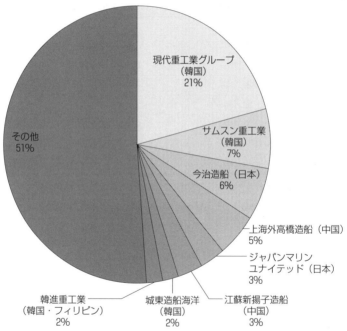

（注）現代重工業グループのシェアは，現代重工業，大宇造船海洋，現代三湖
　　　重工業のシェアを合算したものである。

の金融支援がもたらす巨大造船会社の誕生と寡占は，造船業界に不公平な競争
を生み出すと共に，競合他社に対して不当な不利益を生じさせる結果に繋が
る」と批判の声が起きている。

第 3 節　韓国財閥と韓国半導体産業の関係

第 1 項　半導体産業の売上高世界ランキング

　現在，韓国経済は，「パラダイム転換期」と称される構造改革の時期を迎えているが，韓国経済がパラダイム転換期を迎えている理由としては，「高度成長を続けてきた韓国が，経済成長率の低下，経済成長率の 4 倍を超える家計負債の増加，輸出の減少，民間消費の下落，高齢化社会への早期進入など，典型的な成熟国家の段階に入っている」ことが挙げられる[11]。

　但し，韓国半導体産業は，韓国経済の失速状況のなかでも好調を保持している。例えば，2016年半導体売上高ランキング（2016年度）は，図表Ⅳ-20に示すように，インテルが前年比4.5％増の539億9,600万米ドルの売上高を計上し，25年連続で半導体売上高ランキング第 1 位の座を占めたが，韓国半導体メーカーである，Samsung Electronics（以下，「サムスン電子」とする）も前年比6.1％増の401億4,300米ドルの売上高を計上し，そして，SK Hynix（以下，「SK ハイ

【図表Ⅳ-20】半導体売上高ランキング（2016年度）

売上高単位：百万米ドル

順位	会社名	2016年売上高	対前年成長率	シェア
1	インテル（米国）	53,996	4.5%	15.9%
2	サムスン電子（韓国）	43,143	6.1%	11.8%
3	クアルコム（米国）	15,351	▼4.5%	4.5%
4	SK ハイニックス（韓国）	14,267	▼12.9%	4.2%
5	ブロードコム（米国）	13,149	152.1%	3.9%
6	マイクロン・テクノロジー（米国）	12,585	▼8.9%	3.7%
7	テキサス・インスツルメンツ（米国）	11,776	2.1%	3.5%
8	東芝（日本）	10,051	9.7%	3.0%
9	NXP セミコンダクターズ（欧州）	9,170	40.1%	2.7%
10	メディアテック（台湾）	8,697	29.7%	2.6%
—	その他	150,499	—	44.2%

（出所）米国 Gartner（ガートナー）市場調査を基に作成。

---

(11)　尹在男稿，「構造改革の必要に迫られる韓国経済」『知的資産創造』2016年10月号，116ページ。

ニックス」とする）も142億6,700米ドルの売上高を計上しており，これらの数値から半導体分野における韓国半導体メーカーの存在の大きさが窺える。

　現在，韓国の財政・経済は，サムスングループ及びSKグループ等の韓国財閥が担っているが，サムスン電子とSKハイニックスは，それぞれ，両グループの中核的存在である。しかし，サムスン電子とSKハイニクスでは，売上高において約3倍の差があり，世界シェアにおいても大きな差があるため，サムスン電子が韓国半導体産業の屋台骨を背負っている存在であると認識できる。

第2項　韓国半導体産業の形成過程

　韓国半導体産業の成長要因は，韓国政府，日本企業，及びサムスングループに代表される韓国財閥の三者の関係から説明できる[12]。

　つまり，韓国半導体産業は，韓国政府の行政指導が強く機能し，韓国政府の政策に基づき「外資導入法」及び「電子工業振興法」が制定されたことに伴い，多くの日本企業が租税減免及び電子工業専門団地における特恵措置等の恩恵を求め韓国に積極的に進出してきたことにより発展する。例えば，サムスングループは，韓国財閥を代表する企業集団であるが，創業者の李秉喆が1938年に大邱において資本金3万円で三星商会を設立し，1948年に李承晩大統領の知遇を受けてソウルにおいて三星物産公司を設立する。そして，サムスングループは，朴正煕政権下の1969年に三洋電機の井植歳男会長の助言に基づき，合弁会社「サムスン三洋電機」（出資比率/サムスン50%・三洋電機40%・住友商事10%）を設立し，1970年に合弁会社「サムスンNEC」（出資比率/サムスン60%・NEC40%）を設立して電子産業に進出した。しかし，オイルショックに伴う韓国の経済不況を受けて，日本企業が韓国から次々と撤退したため，韓国電子産業及び韓国半導体産業の担い手が，日本企業から韓国財閥へと移行し，1977年に，サムスングループは，韓国半導体を買収し半導体産業に本格的に進出した。また，1983年に，サムスン電子に次いで，韓国半導体産業第2位の現代電子産業（「ハイニックス」に社名変更）が設立された。

　その後，韓国財閥の経済支配の下，サムスン電子等の半導体産業が，図表Ⅳ

---

(12)　服部民夫著，『韓国の経営発展』（文眞堂，1988年），服部民夫著，『東アジア経済発展と日本』（東京大学出版会，2007年），及び宋娘沃著，『技術発展と半導体産業―韓国半導体産業の発展メカニズム―』（文理閣，2005年）等に詳しい。

-21に示すように，政府からの経済的支援を受けながら世界シェアを確立する[13]。当初，サムスン電子は，NEC に対して半導体技術の提携を打診するが，NEC 側の拒否を受けて，独自の技術開発に取り組み64KDRAM 及び256KDRAM の開発に成功するのである。その後，サムスン電子は，1993年に東芝との間でフラッシュメモリの共同研究を行い，1994年からは，NEC との間で256MBDRAM の研究データの交流を行っている。また，2001年，韓国半導体産業第2位に位置する現代電子産業がハイニクスに社名変更するが，経営不振が続いていたハイニクスは，韓国政府の指導の下，2001年から2002年まで金融機関から資金援

【図表Ⅳ-21】半導体売上高によるランキング推移

順位	1989年	1995年	2000年	2005年
1	NEC（日本）	インテル（米国）	インテル（米国）	インテル（米国）
2	東芝（日本）	NEC（日本）	東芝（日本）	サムスン電子（韓国）
3	日立製作所（日本）	東芝（日本）	NEC（日本）	TI（米国）
4	モトローラ（米国）	日立製作所（日本）	サムスン電子（韓国）	東芝（日本）
5	TI（米国）	モトローラ（米国）	TI（米国）	ST マイクロエレクトロニクス（欧州）
6	富士通（日本）	サムスン電子（韓国）	ST マイクロエレクトロニクス（欧州）	ルネサステクノロジ（日本）
7	三菱電機（日本）	TI（米国）	モトローラ（米国）	インフィニオンテクノロジーズ（欧州）
8	インテル（米国）	富士通（日本）	日立製作所（日本）	フィリップス（欧州）
9	松下電子工業（日本）	三菱電機（日本）	インフィニオンテクノロジーズ（欧州）	ハイニックス（韓国）
10	フィリップス（欧州）	現代（韓国）	マイクロンテクノロジー（米国）	NEC エレクトロニクス（日本）

（出所）米国 Gartner（ガートナー）市場調査を基に作成。

---

[13]　宋・前掲注[12]161-162ページ。

助を受けたが，WTO（世界貿易機関：World Trade Organization）により「違法な輸出補助金に相当する資金援助である」と批判された。その後，ハイニックスは，2012年に現代グループから分離し，韓国財閥の通信大手であるSKグループ傘下に入り「SKハイニックス」に社名変更した。

　また，韓国政府は，国家戦略の視点から半導体産業の成長を目的として，半導体産業において，技術・開発に投資した金額の損金算入を容認した。そして，韓国半導体メーカーは，韓国政府からの税制支援を受けて急成長し国際的評価を高めていくのである[14]。

　なお，2008年当時，日本と韓国との間では，法人所得税の税率格差（韓国27.5%，日本40.69%）が生じており，この税率格差も韓国半導体メーカーが日本企業を凌駕した一因として挙げられる。

第3項　韓国半導体産業の将来性

1．韓国半導体産業の財務内容

　韓国半導体産業の成長には，韓国政府の韓国半導体産業に対する税制支援効果が挙げられる。なぜならば，韓国は，韓国財閥系企業に対して，法人税減税等の優遇措置を適用し，韓国政府が世界経済のグローバル化のなかで韓国財閥の国際的競争力を醸成するという国策を講じることにより，韓国財閥が獲得した資金（外貨）を拠りどころとして，国家財政の確立を目指しているからである[15]。

　実際に，韓国半導体産業を代表する存在である「サムスン電子」は，図表Ⅳ-22に示すように，フラッシュメモリー分野で世界首位の座を占め，韓国経済の主柱となっている。

　また，サムスン電子は，2007年から2009年にかけて売上高を順調に伸ばし急成長を遂げている。例えば，2009年のサムスン電子の財務内容は，図表Ⅳ-23に示すように，営業利益率が前年の4.97%から8.05%に改善され，フリーキャッシュ・フローの数値も，231,651百万ウォンから4,345,208百万ウォンへと約

(14)　渡辺雄一稿，「韓国主要産業に対する税制支援効果の検証」『韓国主要産業の競争力』（日本貿易振興機構アジア経済研究所，2008年）192ページ。
(15)　髙沢修一著，『近現代日本の国策転換に伴う税財政改革』大東文化大学研究叢書35（大東文化大学経営研究所，2017年）第5章参照。

【図表Ⅳ-22】フラッシュメモリーの世界シェア（2016年度）

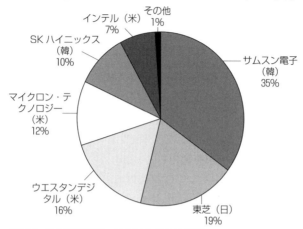

（出所）日本経済新聞・2017年7月5日参照。

【図表Ⅳ-23】サムスン電子の財務諸表　　　　　　　単位：百万ウォン

区分	2007年	2008年	2009年
売上高	98,507,817	121,294,319	136,323,670
営業利益	8,973,286	6,031,863	10,980,009
営業利益率	9.109%	4.972%	8.054%
フリーキャッシュフロー	2,788,753	231,651	4,345,208
現金同等物	5,831,989	8,814,638	10,149,930

（出所）サムスン電子ホームページを基に作成。
（注）営業利益率（％）＝営業利益÷売上高×100
　　　フリーキャッシュフロー＝営業キャッシュフロー＋投資キャッシュフロー

18.75倍増加し，同様に，現金同等物の数値も2008年の8,814,638百万ウォンから10,149,930百万ウォンにまで増加している。
　一方，韓国の朴槿恵大統領のスキャンダルでは，朴政権と韓国財閥における不透明な資金の流れを巡り韓国財閥への批判が嵩じ，サムスングループのオーナー経営者も韓国検察庁の参考人聴取を受けている。
　しかしながら，サムスン電子は，朴槿恵政権と韓国財閥に対する不透明な資

金の流れを巡り，財閥総帥が参考人徴収を受けるという逆風の下でも，スマホ向け有機 EL パネルの世界シェアが 9 割を超え，2017年 1 月〜 6 月期連結決算〔速報〕に拠れば，営業利益が23.9兆円（約 2 兆3,300億円）と前年同期比61％増加し好調な経営状態である。

　次いで，韓国半導体産業業界第 2 位の SK ハイニクスの財務内容について分析する。SK ハイニクスの2015年度の財務内容は，図表Ⅳ-24に示すように，収益性（営業利益率28.385％）が高く好調である。そして，SK ハイニクスの財務内容は，2016年度の売上高も17兆1,256億ウォン，営業利益率も 5 兆1,095億ウォンと前年に引き続き好調を維持している[16]。つまり，韓国半導体産業を牽引するサムスン電子と SK ハイニクスの財務内容は好調であり，半導体産業の世界シェアにおいて韓国の存在感を示しているのである。

【図表Ⅳ-24】SK ハイニックスの財務諸表

単位：百万ウォン

区分	2015年
売上高	18,798,000
営業利益	5,336,000
営業利益率	28.385％
総資産	29,678,000
資本合計	21,388,000

（出所）SK ハイニックスホームページを基に作成。
（注）営業利益率（％）＝営業利益÷売上高×100

2．韓国半導体産業の成長戦略

　韓国半導体産業の成長戦略としては，図表Ⅳ-25に示すように，「計画的な設備投資」，「研究開発費の投下」，及び「M&A（merger and acquisition）の実施」が挙げられる。

---

[16]　聯合ニュース（http://japanese.yonhapnews.co.kr/economy/2015/01/28/0500000000AJP 20150128002）参照。

【図表Ⅳ-25】韓国半導体産業の成長戦略

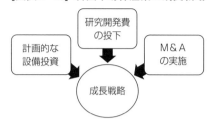

　第一に，計画的な設備投資計画とは，将来の販売計画に沿って工場を新設及び増強することであるが，図表Ⅳ-26に示すように，サムスン電子及びSKハイニクスなどの韓国半導体メーカーの設備投資は顕著である。第二に，研究開発費の投下とは，積極的に研究開発費を投下することであり，韓国半導体メーカーの売上高に対する研究開発費の比率は，「サムソン電子が11.8％であり，そして，金星エレクトロン（現『LG電子』に社名変更）は33.8％であるが，この比率は先行する米国企業の4.8％に比べると極めて高い数値である」[17]と報告されている。第三に，M&Aの実施とは，魅力ある競業他社を企業買収することであるが，最近では，SKハイニックスが東芝の半導体子会社である東芝メモリに対して約2兆円の入札額を提示している。

　つまり，韓国半導体メーカーは，将来のビジネスモデルを構築することを目的として積極的に設備や研究開発費に対して資金投資を行うと共に，M&Aのビジネスチャンスも窺っているのである。

　また，韓国半導体産業の課題としては，中華人民共和国（以下，「中国」とする）の存在が挙げられる。なぜならば，中国が基幹産業として育成している半導体ビジネスが，韓国半導体産業にとって，強力な対抗者となることが予測されるからである。この中国の半導体産業育成策については，「中国における半導体需要と生産は2000年代に入り急速に増大し，とくに半導体市場はいまや世界の40％を占めるまでになった」[18]と報告される。

---

(17)　裵容浩稿，「わが国における半導体産業の現況と課題」（大韓民国国公図書館立法資料分析室，1993年）5ページ。

(18)　肥塚　浩稿，「日本および中国の半導体産業の動向」『立命館国際地域研究』第33号（立命館大学，2011年）7ページ。

【図表Ⅳ-26】2017年（予測）の設備投資計画トップ10社　　　　　　　　単位：億ドル

順位	企業名	投資額	主たる新設・増強中の工場	主な生産品目
1	サムスン電子（韓国）	125	平沢工場（韓国）	NAND フラッシュメモリ
2	インテル（米国）	120	大連工場（中国）	NAND フラッシュメモリ
3	TSMC（台湾）	100	台中工場（台湾）	ロジック半導体等
4	SK ハイニックス（韓国）	60	清州工場（韓国）	NAND フラッシュメモリ
5	マイクロン・テクノロジー（米国）	50	台中工場（台湾）	DRAM
6	SMIC（中国）	23	上海工場（中国）	ロジック半導体等
7	UMC（台湾）	20	台南工場（台湾）	ロジック半導体等
8	グローバルファウンドリーズ（米国）	20	重慶工場（中国）	ロジック半導体等
9	東芝（日本）	19	四日市工場（日本）	NAND フラッシュメモリ
10	サンディスク（米国）	18	四日市工場（日本）	NAND フラッシュメモリ

（出所）東洋経済・2017年5月27日，63ページ。

　実際に，中国ハイテク企業グループの紫光集団は，M&A に積極的に取り組んでおり，「2015年にメモリメーカーの米マイクロン・テクノロジーに，2016年には東芝メモリの合弁相手であるハードディスクメーカー，米ウエスタンデジタルに買収提案を行い，東芝メモリに対しても早期から東芝の銀行団に接触している」[19]のである。

　つまり，中国半導体メーカーは，将来的に，世界市場において韓国半導体メーカーの前に立ち塞がる存在に成長する可能性を有している。そのため，韓国半導体メーカーが世界的に高いシェアを保持し，韓国の財政・経済を牽引する存在であり続けるためには，中国半導体メーカーに対抗できるだけの競争力を涵養することが求められるのである。

3．日本国の対韓輸出規制の影響

　日本政府は，韓国を安全保障上の友好国である「ホワイト国」の指定から外し，韓国を対象とする半導体材料の輸出規制強化を検討していたが，2019年7

---

[19]　東洋経済・2017年5月27日，63ページ。

月4日，「フッ化ポリイミド，レジスト（感光材），フッ化水素の3品目につい て輸出規制する」という規制を発効した。この半導体材料の対韓輸出規制が韓 国半導体産業に与える影響については，不確定要素が多く断定することが難し いが，半導体の売上高で世界第1位の「サムスン電子」や第3位の「SKハイ ニックス」の経営に影響を与える可能性がある。なぜならば，日本政府が輸出規 制を厳しくした高純度フッ化水素，レジスト，フッ化ポリイミドのシェアは， 日本企業が世界の7割から9割を占めているため，仮に，高純度フッ化水素を 調達できなければ，図表Ⅳ-27に示すように水平的分業を行っている韓国半導 体産業の業績に影響を与える可能性があるからである。

【図表Ⅳ-27】韓国半導体産業の水平的分業

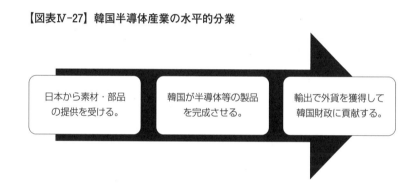

また，日本政府による半導体材料の対韓輸出規制は，サムスン電子やSKハ イニックスの経営業績に依存するという財政構造を有している韓国経済にも多 大な影響を与えることが予測できる。例えば，2018年度のDRAM（Dynamic Random Access Memory）の世界的シェアは，図表Ⅳ-28に示すように，サム スン電子（約43%）とSKハイニックス（約30%）の2社で約73%を占めてお り輸出により外貨を獲得して韓国財政に貢献してきた。そのため，韓国政府は， 世界貿易機構（WTO）に対して日本政府による半導体材料の対韓輸出規制の 撤回を要求することを検討している。加えて，日本政府による半導体材料の対 韓輸出規制は，日韓関係を悪化させ日韓軍事協定にも影響を与えることになり， 日韓GSOMIC（日韓秘密軍事情報保護協定）の破棄という事態を生起させてい るのである（補足資料参照）。

【図表Ⅳ-28】DRAM と NAND 型フラッシュメモリーの世界シェア（2018年度）

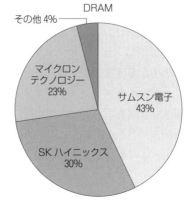

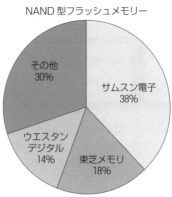

（出所）各社の有価証券報告書に基づき作成。

補足資料　日韓 GSOMIC（日韓秘密軍事情報保護協定）

日韓秘密軍事情報保護協定の署名（2016年11月23日）

1　本23日，ソウルにおいて，長嶺安政駐韓国日本大使と韓民求（ハン・ミング）韓国国防部長官との間で，「秘密軍事情報の保護に関する日本国政府と大韓民国政府との間の協定」の署名が行われました。

2　本協定は，日韓両国政府間で相互に提供される国家安全保障のために保護する必要のある防衛関連情報を，受領国政府が自国の国内法令に従って保護するためにとる措置等について定めるものです。

3　本協定の締結により，日韓両国政府間で提供される秘密軍事情報が適切に保護され，両国政府間で更に円滑かつ迅速な情報交換が行われることが期待されます。

大韓民国による日韓秘密軍事情報保護協定の終了の決定について（2019年8月22日）（外務大臣談話）

1　2016年11月23日，日韓両国政府は，両国の間で交換される秘密軍事情報の保護を確保する目的で，「秘密軍事情報の保護に関する日本国政府と大韓民国政府との間の協定」の署名を行い，本協定は同日に発効しました。

2　本協定は，安全保障分野における日韓間の協力と連携を強化し，地域の平和と安定に寄与しているとの認識の下，2016年の締結以来，これまで毎年，自動的に延長されてきたものです。

3　それにもかかわらず，今般，韓国政府が本協定の終了を決定したことは，現下の地域の安全保障環境を完全に見誤った対応と言わざるを得ず，極めて遺憾です。

4　韓国政府は今般の発表の中で，安全保障の文脈において，韓国政府による

協定終了の決定と先般の我が国による輸出管理の運用見直しを関連付けていますが，両者は全く次元の異なる問題であり，韓国側の主張は全く受け入れられず，韓国政府に対し，断固として抗議します。

5　日韓関係は現在，今回の決定を含め，韓国側からの極めて否定的かつ非合理的な動きが相次ぎ，非常に厳しい状況が続いていますが，日本政府としては，様々な問題についての我が国の一貫した立場に基づき，引き続き韓国側に賢明な対応を強く求めていく考えです。

（出所）外務省ホームページ

第Ⅴ章　韓国財閥の成長戦略と税務戦略

第1節　韓国財閥における成長戦略と税務戦略の重要性

　現在，韓国の経済は，「パラダイム転換期」を迎えており，海外輸出の低下に伴う経済成長率の低下，家計負債の増加が生起する民間消費の減少，早期の高齢化社会の到来が問題視されている。従来，韓国は，内需が小さいため，韓国財閥による外需（海外輸出）により経済成長を遂げてきた。そのため，韓国の国家財政において，韓国GDP（国内総生産）の4分の3を占める「韓国財閥」（Korean Chaebol）の存在は大きく，特に，GDPの約60%を担っている四大財閥（サムスン・現代自動車・LG・SK）は韓国の経済成長に大きく貢献している。

　つまり，韓国の財政・経済は，サムスングループやSKグループ等の韓国財閥が担っているが，韓国財閥のなかでもサムスングループやSKグループの中核的存在であるサムスン電子とSKハイニックス等の韓国半導体産業の存在は大きい。しかし，韓国経済を牽引し国家財政を支えている韓国半導体産業にも経営課題を指摘できる。例えば，韓国半導体産業の経営課題としては，中華人民共和国（以下，「中国」とする）の半導体ビジネスの成長への対応策を講じることが挙げられる。

　すなわち，韓国半導体メーカーが世界的に高いシェアを保持し，韓国の財政・経済を牽引する存在であり続けるためには，中国半導体メーカーに対応できる競争力を醸成することが求められる。加えて，韓国財閥は，縮小傾向を示す韓国市場から活動拠点を戦略的に欧米や中国に移転させてきたが，近年では租税回避地としての存在価値を高めてきているベトナムにも積極的に進出し，その結果，日本企業と競合することが多い。

　つまり，韓国財閥には，中国企業や日本企業との競争を制するためにも「成長戦略」及び「税務戦略」が求められるのである。そのため，韓国財閥は，国内消費の冷え込みに対応するために海外進出や海外資本との提携等の成長戦略

を策し，図表Ⅴ-1に示すように，ベトナム等の租税回避地での事業展開を模索するという税務戦略を展開している。例えば，韓国政府のベトナムへの投資額は，米国，中国，香港に続いて多く，Association of South-East Asian Nations（以下，「ASEAN」とする）諸国のなかでも最多であるが，韓国政府がベトナムに対して直接投資額を増やしている理由としては，高騰する人件費がもたらす生産コストの上昇から逃れるために「ポストチャイナ」としての役割を期待されたことが挙げられる。実際に，ASEAN において，ベトナムの人口は，インドネシアやフィリピンに次いで多く（2015年当時），そして，ベトナムは教育水準が高く人口構成も若いため，この人口の多さと良質の人材の存在が潜在的労働人口の確保と消費市場としての魅力を併在させている。つまり，ベトナムは，生産拠点としての役割ばかりでなく消費市場としての役割も期待できる地域であり，サムスングループ，LG グループ，及びロッテグループ等の韓国財閥が積極的にベトナムに進出している。このベトナムの消費市場としての優位性は，2007年の世界貿易機関（WTO）加盟により高まり，TPP（Trans-Pacific Partnership Agreement）参加や，EU 諸国との間の FTA（Free Trade Agreement）締結等により存在価値を増している。

　また，文在寅〔ムンジェイン〕大統領は，韓国企業の新たな成長戦略を模索して，2017年5月10日の演説において，①雇用の創出，②財閥改革，③政経癒着の解消ということを述べ，財閥改革に意欲を示し，韓国財閥への経済力集中に伴う弊害の是正を目的として，財閥改革における手段として税制改革を断行し，その結果，韓国では，財閥改革を目的として税制改正法が2017年12月19日に成立し（2017年12月5日に国会本会議で可決），課税標準が3,000億ウォン（2億7,000万米ドル）を超過する場合には，従来の22％から25％に法人税率が改正された。さら

【図表Ⅴ-1】ベトナム政府のハイテク産業に対する税制支援

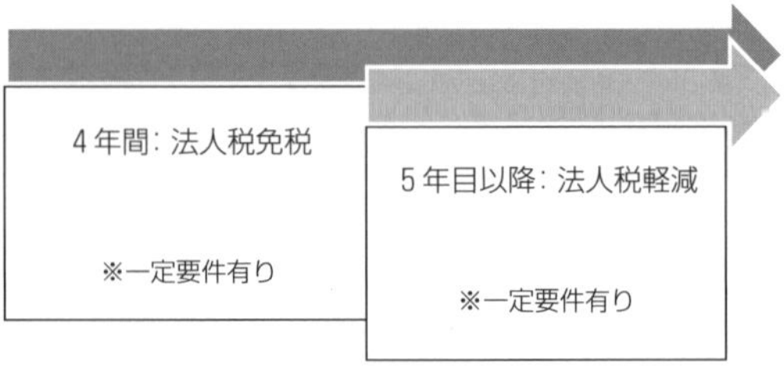

4年間：法人税免税

※一定要件有り

5年目以降：法人税軽減

※一定要件有り

に，投資・共生協力促進制度（法人留保金課税制度）も改正され，法人の内部留保金に対する規制が強化されたのである。

つまり，2018年税制改正法により法人税率と投資・共生協力促進制度（法人留保金課税制度）が改正されたが，これらの税制改正は韓国財閥の企業経営にも影響を与えると予測できる。例えば，韓国の法人税が25％ならば，10大韓国財閥の負担増は１兆3,827億ウォン（約1,400億円）となり，最大の影響を受けるサムスン電子の法人税額は，4,327億ウォン（約450億円）の増加になると分析できる。既述のように，文在寅政権は，財閥と非財閥との所得格差の解消を目指して法人税に関する税制改正を実施したが，この改正は韓国財閥の成長戦略と税務戦略にも影響を与えることになる。

第 2 節　韓国自動車産業の形成過程と海外戦略

第 1 項　アジア通貨危機と韓国自動車産業の再編

韓国自動車産業の歩みは，日米自動車メーカーとの技術提携に始まり，例えば，1962年にセラナ自動車と日産自動車がブルーバードの KD（Knock-Down）生産で技術提携し，1968年に，現代自動車がフォードと KD 生産で技術提携し，1973年に，起亜自動車がマツダと KD 生産で技術提携した。その後，1970年代半ば，韓国自動車業界は，現代自動車，起亜自動車及び大宇自動車の大手３社時代を迎え，1988年のソウルオリンピック開催を契機とする内需拡大に伴い生産台数が100万台を超え，1995年には250万の生産台数に到達した[1]。

ところで，韓国初の輸出車は，現代自動車が1976年１月に生産・販売した「ポニー」である。ポニーは，生産初年度に年間１万8,000台生産されたが，販売時価格は，227万3,270ウォンであり，当時のソウル市内の一軒家に相当する金額であった。

しかし，韓国経済が第２次オイルショックによる景気沈滞に陥ると，自動車産業も経営危機に直面することになり，韓国政府は「自動車工業合理化措置」を発表し，1986年から３年間の自動車業界への新規参入を禁止して国内自動車産業の保護・育成に努めたのである[2]。

---

[1]　山口銀行編，「韓国自動車産業戦国時代」『やまぎんアジアニュース』No.509（2017年）１ページ。

　また，韓国の自動車産業は，アジア通貨危機に際して経営破綻し，現代自動車を除く，起亜自動車，大宇自動車，サムスン自動車，双龍自動車の4社は，外資系企業に買収されることになり，現代自動車が国内市場シェアの過半を押さえることになった。例えば，韓国自動車産業は，世界の新車販売台数（2016年）において，図表Ⅴ-2に示すように，現代自動車グループ（89％），韓国GM（7％），ルノーサムスン（3％），双龍（1％）の順位であり，現代自動車グループが韓国国内市場で首座を占めている。

　その後，韓国の自動車産業は，アジア通貨危機後の業界再編を乗り越え合理化を推進することにより再び成長軌道へと復帰し，1999年から2002年に国内販売と輸出により国内販売台数を伸長させ，2003年から2005年にかけて輸出により国内販売台数を伸長させた[3]。

　つまり，韓国自動車産業は，1990年代に約150万台規模の韓国国内市場で多数の国内メーカーが競合することにより財務内容を悪化させた。そのため，韓

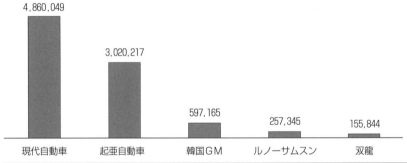

【図表Ⅴ-2】韓国自動車産業の世界新車販売台数（2016年）　　　単位：台数

企業名	起亜自動車	大宇（テウ）自動車	サムスン自動車	双龍自動車
買収先	現代自動車	GM	ルノー	上海汽船

（出所）山口銀行編，「韓国自動車産業戦国時代」『やまぎんアジアニュース』No. 509（2017年）2ページを基に作成。

---

(2)　金泰吉稿，「韓国自動車産業の発展パターンと競争力構造」奥田　聡編著，『韓国主要産業の競争力』調査研究報告書（アジア経済研究所，2007年）3ページ。
(3)　藤川昇悟稿，「グローバル化する韓国の自動車産業　―部品メーカーの随伴立地を中心に―」『産業学会研究年報』第22号（産業学会，2006年）30ページ。

国自動車メーカーは，国内シェアを拡大させることが難しいと判断し，海外で
の輸出金額を増やす経営戦略に転換し自動車の生産・販売台数を飛躍的に伸長
させたのである。

第2項　韓国自動車メーカーの海外進出と競争力

　韓国の自動車メーカーの海外進出としては，現代自動車と大宇自動車の事
例が挙げられる。例えば，現代自動車は，自動車の最大の消費地である米国で
の販売を目的として，米国（現代アラバマ工場）において生産を開始すると共
に，将来の需要増大が見込める中国（北京現代第1・2工場）やインド（現代
インド第1・2工場）においても生産を開始しグローバル化を加速させた。同
様に，大宇自動車も，東欧諸国（ポーランド，ルーマニア，ウズベキスタン等）
における海外進出を積極的に加速させていたが，GMの系列後は海外進出を鈍
化させている。

　また，世界自動車販売台数（2016年）において，GM大宇が10位以内にラン
キングされていないのに対して，現代自動車の販売台数は，図表Ⅴ-3に示すよ
うに，フォード・モーターやホンダグループよりも多い788万台であり，世界
の自動車メーカーのなかでも第5位に位置している。

　しかし，現代自動車（起亜自動車グループを含む）グループは，世界第5位
の自動車メーカーにまで成長したが厳しい経営環境下に置かれている。なぜな
らば，現代自動車（起亜自動車グループを含む）グループは，図表Ⅴ-4に示す
ように，EV（電気自動車）シェア第10位（3.2%）に相当するシェアを有して
いるが，5社がシェア第10位以内に入り28.7%のシェアを占める中国勢に比べ
ると必ずしも満足できる状態にあるとはいえないからである。

　現在，ヨーロッパを中心とした世界各国では，ガソリン車，ディーゼル車に
加えて，HV（ハイブリッド車），PHV（プラグインハイブリッド車）に対する
規制が強まっている。例えば，2016年のEV（電気自動車）市場における世界
販売台数は466千台であるが，2035年度には13倍の6,300千台までに成長するこ
とが予測され，図表Ⅴ-4に示すようにEV市場において中国メーカーが強い[4]。
そのため，現代自動車（起亜自動車グループを含む）グループは，2020年まで

(4)　山口銀行編，「やまぎんアジアニュース」『経済月報』No. 511（2017年）2ページ。

【図表Ⅴ-3】 世界の自動車メーカー販売台数 (2014年・2016年)

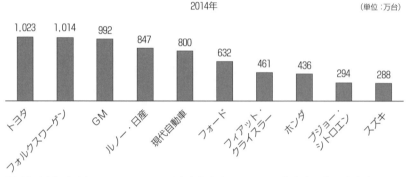

2014年　　　　　　　　　　　　(単位：万台)

(出所) 国際ビジネスファイナンス研究会報告書，及び国際自動車工業連合会資料，他
(2014年)

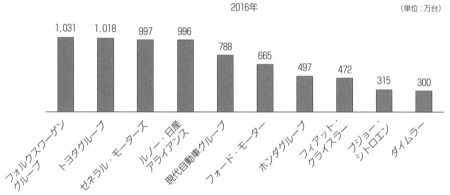

2016年　　　　　　　　　　　　(単位：万台)

(出所) 山口銀行編，「韓国自動車産業戦国時代」『やまぎんアジアニュース』No. 509 (2017
年) 2ページを基に作成。

にエコカー販売台数世界第2位を標榜して EV 市場への参入を目指したのであ
る。

　但し，世界 EV バッテリー (車用) 市場においては，図表Ⅴ-5に示すように，
LG 化学とサムスン SDI の2社が世界 EU バッテリー (車用) 出荷量で5位ま
でにランキングされている。さらに，伸長率で比較した場合，LG 化学とサム
スン SDI が驚異的な数値を示しており，EV (電気自動車) の中核部品を成す
EV バッテリーにおける韓国バッテリーメーカーの今後の躍進を予測できる。

【図表Ⅴ-4】世界 EV 販売台数（メーカー別）　　　　　　　単位：千台

順位	会社名	2016. 1月～8月		2017. 1月～8月		伸長率
		台数	シェア	台数	シェア	
1	テラス	45	14.2%	63	13.6%	140.0%
2	BAIC（中国）	23	7.2%	44	9.5%	191.3%
3	日産	36	11.3%	37	8.0%	102.8%
4	BYD（中国）	26	8.2%	29	6.3%	111.5%
5	ZotyoZhidon（中国）	10	3.1%	28	6.0%	280.0%
6	ルノー	19	6.0%	34	7.3%	178.9%
7	BMW	15	4.7%	20	4.3%	133.3%
8	ZOTYE（中国）	14	4.4%	17	3.7%	121.4%
9	シボレー	3	0.9%	17	3.7%	566.7%
10	JMC（中国）	8	2.5%	15	3.2%	187.5%
―	現代・起亜	―	―	15	3.2%	―
	合計	318	100.0%	464	100.0%	145.9%

（出所）山口銀行編，「やまぎんアジアニュース」『経済月報』No. 511（2017年）3ページ。

【図表Ⅴ-5】世界 EV バッテリー（車用）出荷量　　　　　単位：千台

順位	会社	2016. 1月～8月		2017. 1月～8月		伸長率
		出荷量	シェア	出荷量	シェア	
1	パナソニック（日本）	4,483.0	23.6%	5,659.9	23.2%	26.3%
2	CATL（中国）	2,091.8	11.0%	3,155.6	12.9%	50.9%
3	LG化学（韓国）	1,023.6	5.4%	2,686.5	11.0%	162.5%
4	BYD（中国）	2,606.4	13.7%	2,372.2	9.7%	▲9.0%
5	サムスンSDI（韓国）	775.3	4.1%	1,409.5	5.8%	81.8%
	その他	8,039.3	42.3%	9,114.6	37.4%	13.4%
	合計	19,019.4	100.0%	24,398.3	100.0%	28.3%

（出所）山口銀行編，「やまぎんアジアニュース」『経済月報』No. 511（2017年）4ページ。

第3節　韓国航空会社の形成過程と経営課題

第1項　大韓航空の誕生と韓進海運破綻の影響

　従来，韓国航空市場は，韓進グループの「大韓航空」と錦湖アシアナグループの「アシアナ航空」の2社により独占されていたが，韓国航空業界首座の韓進グループは，1945年に趙　重勲が仁川で韓進商事を創業しトラック輸送業を始めたことを端緒とし，1966年のベトナム戦争時にアメリカ軍の物資輸送を請け負うことにより発展する。そして，1969年，韓進グループの創業者の趙重勲は，朴　正　熙大統領から経営不振に陥っていた大韓航空公社の民営化を打診され大韓航空を設立する。2017年12月現在，スカイチームに属する大韓航空は，161機の航空機を所有し，韓国国内13都市を含む世界43か国123都市へ定期便を就航させている。

　その後，韓進グループは，韓国企業グループ資産ランキング上位の大財閥に成長するが，1968年に仁荷大学校を買収し，1979年に国立韓国航空大学校を買収して，工学・物流教育と人材育成にも尽力している。

　一方，大韓航空の事業収益は，図表Ⅴ-6に示すように，2017年度は1兆億ウォンを超えて漸次増加傾向を示しているにもかかわらず営業利益率は減少傾向を示しており，日本企業（JAL・ANA）と比較しても低い。

　つまり，大韓航空の財務状態は，負債比率が1,000％に達したグループ企業の韓進海運の支援のために悪化しているのである。なぜならば，大韓航空は，韓進海運関連の損失を計上すると共に，外貨借入金（ドル建て）を膨らませ，永久債発行の検討も余儀なくされたからである[5]。なお，大韓航空の財務支援にもかかわらず，海運業界で韓国第1位，世界第7位として国際的に事業展開していた韓進海運は，2016年に法定管理を申請し2017年に経営破綻した。

　ところで，韓進海運は，韓進グループの中核企業であるのにもかかわらず，韓進グループ創業家からの私有財産の支援提供がなされていない点について批判されている。

　また，韓国財閥を支配している創業家には，所有と経営の認識が欠如しており，大韓航空は，2014年に「大韓航空ナッツ・リターン騒動」を起こし国民の

---

[5]　中央日報（http://japanese.joins.com/article/043/222043.html）参照。

【図表Ⅴ-6】　大韓航空と日系航空会社の収益性

① 大韓航空の事業収益

単位：億ウォン

	1969年	1980年	1990年	2000年	2017年
■事業収益	4	559	1,679	5,559	11,802

（出所）大韓航空ホームページ参照。

② 大韓航空の収益性

単位：百万億ウォン

区分	2016年12月期	2017年12月期	2018年12月期	計算式
売上高	11,731,852	12,092,211	13,020,276	(A)
営業利益　※本業利益	1,120,809	939,782	640,290	(B)
営業利益率（％）	9.553	7.771	4.917	(B)÷(A)×100

（出所）大韓航空ホームページ参照。

③ 日本航空の収益性

単位：百万円

区分	2016年3月期	2017年3月期	2018年3月期	計算式
売上高	1,336,661	1,288,967	1,383,257	(A)
営業利益　※本業利益	209,192	170,332	174,565	(B)
営業利益率（％）	15.650	13.214	12.619	(B)÷(A)×100

（出所）日本航空ホームページ参照。

④ ANAホールディングスの収益性

単位：百万円

区分	2016年3月期	2017年3月期	2018年3月期	計算式
売上高	1,791,187	1,765,259	1,971,799	(A)
営業利益　※本業利益	136,463	145,539	164,516	(B)
営業利益率（％）	7.618	8.244	8.343	(B)÷(A)×100

（出所）ANAホールディングスホームページ参照。

批判を浴び，韓進グループの企業イメージを大きく低下させた。同事件は，チョ・ヒョンア副社長（当時）が，米国ジョン・F・ケネディ空港において客室乗務員のマカダミアンナッツの出し方が悪いとして機体を滑走路から出発ゲー

トに戻らせた事件であり，2015年に懲役１年の有罪判決を受けた。後に，韓国大法院において懲役10か月，２年間の執行猶予が確定する。

第２項 アシアナ航空の誕生とLCC参入の影響

　アシアナ航空は，錦湖アシアナグループが経営する航空会社であるが，錦湖アシアナグループは，創業者の朴仁天が，1946年に光州タクシーを設立し，バス会社及びタクシー会社等の事業を展開して成長する。そして，錦湖アシアナグループは，1989年にアシアナ航空を創業し航空業界に参入するが，2009年に大宇建設（2006年に買収する）の売却交渉が決裂しワークアウト（事業再生法）を申請して経営破綻する。その後，アシアナ航空は自立協約（会社分割）により経営再建を図っている。

　また，アシアナ航空は，スターアライアンスに所属し，83航空機を所有し，韓国国内線10都市と24か国75都市で就航している。そして，韓国LCCのエアソウル，エアプサンにも出資している。

　近年，韓国LCC（格安航空会社）の韓国航空市場への新規参入により２社の独占体制が崩壊し，逆に，2017年度韓国航空業界における韓国LCCシェアは約45％まで伸長している。例えば，韓国空港公社報告に拠れば，チェジュ航空，ティーウェイ航空，ジンエアー，エアソウル，エアプサン，イースター航空等の韓国LCCは，済州島（国内便），日本，中国，台湾等の近距離就航エリアで数多く就航しており，特に，韓国LCCは日本路線を強化している。そして，韓国LCCの台頭に加え，中国LCCが韓国航空市場に本格的に参入してきた場合には，図表Ⅴ-7に示すように，更なる価格競争に見舞われ経営危機の恐れも懸念され，特に，アシアナ航空は，自社系列の韓国LCCとの競合によるカニバリゼーションも危惧される。

　なお，韓進グループ（約40兆ウォン）と錦湖アシアナグループ（約18兆ウォン）では，資産規模（2014年当時）で約２倍の開きがある。

【図表Ⅴ-7】LCC参入がアシアナ航空に与える影響

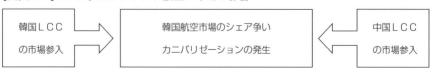

第3項　大韓航空とアシアナ航空の相続・事業承継問題

1．韓進グループの相続・事業承継問題

　韓国を代表する航空会社は，韓進グループの大韓航空と錦湖アシアナグループのアシアナ航空の2社であるが，2社とも経営問題や相続・事業承継問題で経営基盤が揺れている。例えば，韓進グループは，図表V-8に示すように，財閥創業家の2代目会長である趙亮鎬（17.84％）を中心に創業家ファミリーで持ち株会社「韓進KAL」の24.795％の株式を支配し，韓進KALが，韓進（22.19％），大韓航空（29.62％），ジン・エアー（60.0％），韓進観光（100％）を支配しているが，2019年4月8日，趙亮鎬会長の死去に伴い相続・事業承継問題が発生した。

　現在，韓進グループは，チョ・ヒョンアが引き起こしたナッツ・リターン問題（2014年）やチョ・ヒョンミンが引き起こしたパワハラ問題（2018年），そして，創業者の趙亮鎬会長の不正会計（2018年）という創業家一族の不祥事が連続して発生したことに伴い国民やアクティビスト（物言う株主）から批判を受

【図表V-8】　韓進グループの支配構造・出資割合と相続争い

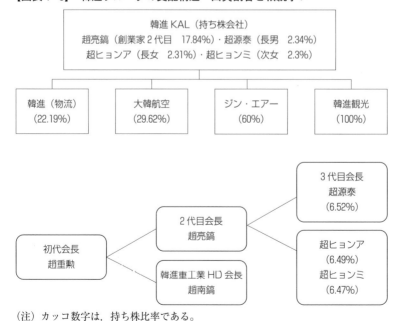

（注）カッコ数字は，持ち株比率である。

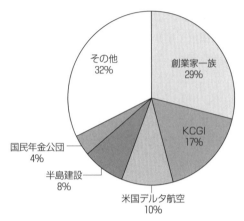

（出所）日本経済新聞（2019年4月9日・2020年1月16日）参照。

けている。そのため，韓進グループの財閥創業家には，コーポレート・ガバナンスにおける経営改革が求められている。例えば，韓進グループは，創業者である趙亮鎬会長の死去に際して，アクティビストのKCGI（コリア・コーポレート・ガバナンス・インプルーブメント）から経営の透明化を求められており，その改善策として韓進KAL株の買い増しを公表した。

　つまり，財閥創業家が世襲するためには，国民やアクティビストからの信頼を得ることを目的として抜本的な経営改革を行わなければならないのである。

　しかしながら，創業者の趙亮鎬会長の死去に伴い相続税の支払いも求められており，仮に，相続税の支払いのため創業家の株式が売却されたならば，創業家の世襲を前提とするファミリー・ビジネスが崩壊することも予測できる。実際に，韓進グループでは，相続税の支払いのために，大韓航空の3代目会長の超源泰とグループの役職を望むチョ・ヒョンア元副社長との間で争いが生じている。

　例えば，2020年3月27日，大韓航空の持ち株会社である韓進KALの株主総会において，チョ・ヒョンア大韓航空元副社長は，「ガバナンス（企業統治）の透明化」を掲げて，趙源泰会長の取締役再任を巡り議決権行使の委任状争いを起こした。つまり，チョ・ヒョンアは，アクティビストの私募ファンドKCGI（コリア・コーポレート・ガバナンス・インプルーブメント）と半島建設の支持を取り付けて，金信培元SKグループ副会長を趙源泰会長の対抗馬に

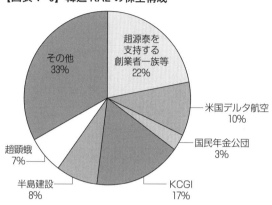

【図表Ⅴ-9】韓進 KAL の株主構成

（出所）日本経済新聞（2020年3月28日）参照。

立てて争ったが，図表Ⅴ-9に示すように，韓進 KAL の主要株主の支持を受けることができずに趙源泰会長が取締役に再任された。そして，この韓進 KAL の株主総会における趙顕娥の取締役再任を巡る議決権行使の委任状争いは，韓国財閥創業家の企業支配における「世襲制」や財閥創業家による「ガバナンス（企業統治）の不透明」という問題点を示しているのである。

2．錦湖アシアナグループの相続・事業承継問題
　錦湖アシアナグループは，図表Ⅴ-10に示すように，朴三求（4代目会長・三男）と朴賛求（石油化学事業・四男）の兄弟において企業経営（拡大路線）を巡る対立から相続・承継問題が発生した。本来，錦湖アシアナグループは，「兄弟経営」を不文律としており同族の団結力が強い企業であった。しかし，アシアナグループは，企業規模の拡大を目指して無理な拡大路線を採用したため，莫大な負債（3兆6千億ウォン）を抱えることになりリーマンショックを転機として経営状態が悪化したのである。そのため，錦湖アシアナグループは，経営難を打開するためにアシアナ航空を手放す可能性が高い。仮に，錦湖アシアナグループが，アシアナ航空の経営権を喪失したならば，韓国公正取引委員会が指定する「企業集団」が外れ，韓国財閥の一員から陥落することが予測される。
　また，錦湖アシアナグループは，図表Ⅴ-11に示すような支配構造により韓国航空業界第2位の座に君臨してきたが，アシアナ航空の売却に際しては，シ

【図表Ⅴ-10】　錦湖アシアナグループの兄弟相克

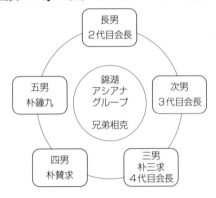

【図表Ⅴ-11】　錦湖アシアナグループの支配構造

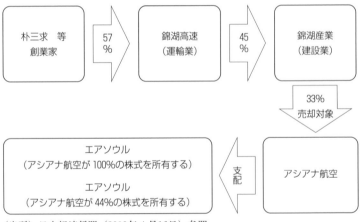

（出所）日本経済新聞（2019年4月16日）参照。

ナジー効果を求めて，アシアナ航空傘下のLCCである「エアソウル」（アシアナ航空が100％持株所有）と「エアプサン」（アシアナ航空が44％持株所有）のセット売却も検討されており韓国航空業界の勢力図を大きく変える可能性を有しているのである。なお，アシアナ航空の買収に際しては，ホテル事業や免税店事業を展開する現代産業開発やLCCのチェジュ航空を経営する愛 敬（エシギョン）の名前が挙がっている。

第4節　韓国企業のベトナム投資と税務戦略

第1項　ベトナム経済の分析と税制支援

1．ドイモイ政策とベトナムの経済成長

　ベトナムは，中国と同様に共産党による一党独裁の下で，ASEAN 諸国がリーマンショックやアジアにおける通貨危機に伴い景気後退に陥るなかで，中国と共に高い経済成長率を保持すると共に労働市場としての魅力も有している。なぜならば，ベトナムは，国土面積（約33万 m²）が日本の国土面積（約38万 m²）よりも若干小さいが，図表Ⅳ-12，図表Ⅳ-13に示すように，約1億人とASEAN 主要6か国のなかでもインドネシアやフィリピンに次いで人口が多く，優秀な人材と安価な労働力を求めることができるからである。

　また，ベトナムは，図表Ⅳ-14に示すように，日本の製造業が今後の事業展開先として最も有望であると考える国として，第5位（2013年・2014年），第4位（2015年・2016年），第3位（2017年）と順次その順位を上げているように，韓国企業ばかりでなく日本企業にとっても魅力的な市場として映っているのである。そして，ベトナム経済は，1986年のベトナム政府のドイモイ（DoiMoi・経済自由化）政策効果を受け急速な経済成長を遂げており，2015年度の1人当たり名目 GDP は ASEAN 主要6か国のなかで最少であるが，過去5年間の平均実質 GDP 成長率がフィリピンと並んで5.9％と高く，特に，2015年の GDP 成長率は6.7％と ASEAN 主要6か国のなかでも首位の座を占めており，将来の成長を期待できる有望な市場として認識できる[6]。

　つまり，韓国企業がベトナム投資を拡大させる理由としては，図表Ⅴ-15に示すように，①共産党一党支配下において政治情勢の安定が比較的保たれている政治的安定性，②エレクトロニクス産業の集積が進んだ中国の華南地区に隣接しているという地理的優位性，③相対的な労働コストを確保できる安価な労働力，④経済成長率の高さに立証される魅力的な市場の成長性等が挙げられる[7]。

---

[6]　小堀雄大稿，「ベトナム経済の現状と課題」富国生命インベストメントシンガポール資料（2015年）1ページ。

[7]　百本和弘稿，「韓国企業のメコン地域戦略―ベトナムを中心に―」『季刊　国際貿易と投資』No.103（2016年）59ページ。

【図表Ⅴ-12】ASEAN 主要 6 か国の GDP（2015年）

	名目 GDP （10億ドル）	1 人当たり名目 GDP （ドル）	人口 （万人）	実質 GDP 成長率 （%）
インドネシア	859	3,362	25,546	5.5
タイ	395	5,742	6,884	2.9
マレーシア	296	9,557	3,100	5.3
シンガポール	293	52,888	554	4.0
フィリピン	292	2,858	10,215	5.9
ベトナム	191	2,088	9,168	5.9

（出所）富国生命インベストメントシンガポール（2015年）参照。

【図表Ⅴ-13】事業展開先として有望と考えられる理由（アジア 5 か国の比較）

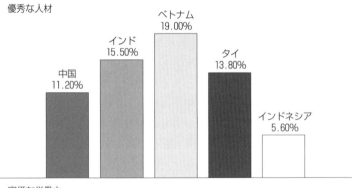

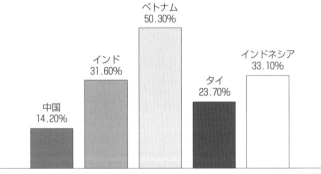

（出所）国際協力銀行「2017年度海外直接投資アンケート調査結果」，及び三菱
　　　　UFJ リサーチ＆コンサルティング編「ベトナム経済の現状と今後の展
　　　　望」（2018年）21ページ。

【図表Ⅴ-14】日本の製造業が今後の事業展開先として有望と考える国

順位	2013年	2014年	2015年	2016年	2017年
1位	インドネシア	インド	インドネシア	インド	中国
2位	インド	インドネシア	インド	中国	インド
3位	タイ	中国	中国	インドネシア	ベトナム
4位	中国	タイ	ベトナム	ベトナム	タイ
5位	ベトナム	ベトナム	メキシコ	タイ	インドネシア
6位	ブラジル	メキシコ	タイ	メキシコ	米国
7位	メキシコ	ブラジル	フィリピン	米国	メキシコ
8位	ミャンマー	米国	米国	フィリピン	フィリピン
9位	ロシア	ロシア	ブラジル	ミャンマー	ミャンマー
10位	米国	ミャンマー	ミャンマー	ブラジル	ブラジル・韓国

（出所）国際協力銀行「海外直接投資アンケート調査結果」，及び三菱 UFJ リサーチ＆
　　　　コンサルティング編「ベトナム経済の現状と今後の展望」（2018年）21ページ。

　しかしながら，ベトナム経済には問題点も存在している。例えば，ベトナム
経済には，外貨準備が輸入の 3 か月分程度の余裕しかないため，為替相場の影
響によりドンが急落すれば，外貨建て債務とドン建て資産を併せ持っているベ
トナム企業の多くは経営破綻状態に陥る公算が大きい[8]。そして，ベトナム経
済の発展を支えていた安価な労働力の提供は，ASEAN 諸国のなかでベトナム
の存在価値を際立たせていたが，この利点もミャンマー等の台頭により脅かさ
れる可能性がある。つまり，ベトナム経済の発展は，必ずしも健全化・安定化
されたものではなく，是正しなければならない課題を抱えているのである。

2．租税回避地としてのベトナムの魅力

　一般的に，租税競争（Harmful tax competition）とは，自国の経済発展を目
的として，「国内産業の国際的な競争力を高めることにより国内資本の強化を
図るか，または，外国資本の積極的な誘致により海外からの直接投資の増進を
図ることを目的として，当該国内の租税負担を国際的水準よりも緩和させるこ

---

[8]　三菱 UFJ リサーチ＆コンサルティング稿，「ベトナム経済の現状と今後の展望」調査レ
　　ポート（2015年）参照。

[9]　C. Pinto（1998），"EU and OECD to Fight Harmful Tax Competition: Has the Right Path
　　Been Undertaken?", *Intertax*, Vol. 26, Issue 12, Dec, p386.

**【図表Ⅳ-15】韓国企業がベトナム投資を
拡大させる理由**

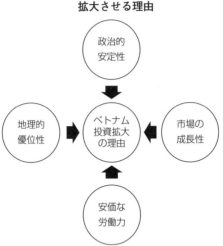

（出所）みずほ総合研究所編，「ベトナム投資を
拡大する韓国企業」（2017年）3ページ。

とである」[9]と説明されるが，ベトナムも国際的な租税競争を展開している。

　また，タックス・ヘイブン（Tax Haven）とは，自国の法人税率と比較して
法人税率が著しく低い国及び地域のことであり，加えて，治安が安定していて
法人の設立が容易であり，交通及び通信設備等のインフラが整備されている地
域のことである[10]。

　現在，企業経営では，タックス・ヘイブン（Tax Haven）を活用した租税回
避行為が盛んであるが，租税回避とは，“節税”と“脱税”の中間に位置する
“グレーゾーン”を活用した税務戦略であり，韓国企業は，図表Ⅴ-16に示すよ
うに，通常20％というベトナムの法人税率の低さに注目してベトナム投資を拡
大させている。加えて，ベトナムでハイテク産業を展開する場合には，R&D
活動に従事する労働者割合が5％以上であり，R&D関連支出3年間の平均売
上高が1％以上であるという要件を充たしたならば，「ハイテク産業に対しては，
設立当初の4年間は免税が適用され，その後は軽減の税率が適用される」とい
うベトナム政府の税制支援も受けられるのである[11]。

---

(10)　高沢修一著，『法人税法会計論〔第3版〕』（森山書店，2017年）第6章に詳しい。
(11)　みずほ総合研究所編，「ベトナム投資を拡大する韓国企業」（2017年）3ページ。

【図表Ⅴ-16】タックス・ヘイブンとベトナム政府のハイテク産業に対する税制支援

国名	法人税率
インド	30.0%
タイ	30.0%（パートナーシップは，23%又は20%である）
フィリピン	30.0%（教育機関及び病院等は軽減税率を採用する）
マレーシア	25.5%
ベトナム	25.0%（優先業種は，20%又は10%である）
韓国	22.0%
インドネシア	17.0%
シンガポール	17.0%
台湾	17.0%
香港	16.5%

第2項　韓国企業のベトナム進出

1．韓国政府のベトナムへの直接投資

　1992年，韓国とベトナムとの間で国交が樹立されると韓国企業のベトナム進出が始まるが，国交樹立直後は，韓国のベトナム戦争参戦という歴史的事実を背景として両国の経済関係は必ずしも良好ではなかった。

　しかし，李 明 博大統領が「新アジア外交構想」を打ち出し，図表Ⅴ-17に示すような“戦略的パートナーシップ”を構築すると，韓国とベトナムの経済関係は大きく進展した。

　また，韓国政府のベトナムへの投資額は，米国，中国，香港に続いて多く，図表Ⅴ-18に示すように，ASEAN諸国のなかでも最大であるが，この韓国政府がベトナムに対して直接投資額を増やしている理由としては，高騰する人件費がもたらす生産コストの上昇から逃れるために「ポストチャイナ」としての役割を期待されたことが挙げられる。例えば，ベトナムの人口は，インドネシアやフィリピンに次いで多く，ベトナムの教育水準が高く人口構成も若いため，この人口の多さと良質の人材の存在は，潜在的労働人口の確保と消費市場としての魅力を有している。

　つまり，ベトナムは，生産拠点としての役割を担うばかりでなく，消費市場

【図表Ⅴ-17】韓国・ベトナム戦略協力パートナーシップ共同声明

①	韓国ベトナム貿易規模を2008年100億ドル水準から2015年200億ドル規模に拡大する。
②	韓国ベトナムFTA交渉に向け，共同作業チームを設置する。
③	ベトナムの国家事業である紅河の開発事業（70億ドル），ニヤチャン高速鉄道の複線化（90億ドル），ホーチミン〜カントー高速鉄道新設事業に韓国企業の参画を保証する。
④	貿易救済・公害防止・医療情報化に関する11件のMOUを締結（通商摩擦を解消するとともに再生可能エネルギー，鉱物開発・石油品質管理などの分野での緊密な協力関係を構築）する。
⑤	韓国放送通信委員会とベトナム情報通信省が，放送通信分野に関するMOUを締結（インターネット・プロトコル・テレビ〈iPTV〉やデジタル移動放送などの放送・通信番組の交流，技術開発および標準化）する。

（出所）みずほ総合研究所編，「ベトナム投資を拡大する韓国企業」（2017年）4ページ。

ベトナム戦争を展示する「ベトナム軍事歴史博物館」（撮影・2014年）

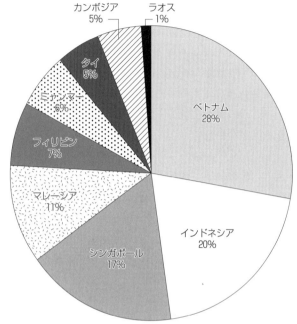

【図表V-18】韓国政府の ASEAN 直接投資残高（2015年9月末）

（出所）韓国輸出入銀行データベース，財務省・日本銀行「本邦
　　　　対外資産負債残高統計」を基に作成。

としても期待できる地域である。実際に，ベトナムの消費市場としての優位性
は，2007年の世界貿易機関（WTO/World Trade Organization）加盟により高
まり，TPP（Trans-Pacific Partnership Agreement・環太平洋パートナーシッ
プ協定）参加，EU（欧州連合・European Union）諸国との間でのFTAの締
結等により一層，存在価値を増している。例えば，韓国企業のベトナム進出は
顕著であり，サムスングループ，LGグループ，ロッテグループ等の韓国財閥
は，新規の投資先としてベトナムに注目し，図表V-19に示すように，積極的
にベトナムに進出している。

2．韓国財閥の税務戦略と販売戦略

　当初，韓国のベトナム進出は，繊維，衣服等の労働集約型の中小企業の進出
が顕著であったが，2009年にサムスン電子を中心とするサムスングループがベ
トナム北部に携帯電話分野の大投資を行った。例えば，ベトナム北部に建設さ

れたサムスン電子のバクニン省イェンフォン工場（2009年操業）とタイグエン省イェンビン工場（2014年操業）は，現地の従業員10万人を雇用してサムスン製スマートフォンとタブレットの約半数を生産しているが，サムスン電子がベトナムに進出した理由としては，図表Ⅴ-20に示すように，第一に，ベトナム政府による34万坪の工場敷地の無償提供が挙げられ，次いで，法人税が４年間無税であり，５年目以後，法人税が軽減されることが挙げられる[12]。加えて，ベトナムには約15万人の韓国人が居住し，そのうち，ハノイには約４万人規模の韓国人の居住地区が存在しており，韓国人が多く居住しているという生活環境も影響している。

また，ベトナムの輸出額は，外資系企業が大規模な輸出向け製造拠点をベトナム国内に建設したことに伴い，2010年代に急激に増加し貿易収支も黒字化し2016年になるとタイの輸出額を上回りインドシナ半島で最大規模に成長するが，このベトナムの貿易収支の黒字化には，ベトナムの全輸出の約２割を占めたと推計されるサムスン電子の携帯電話輸出の急増による影響が大きかったのである[13]。

また，ベトナムでは，韓流スター人気に代表されるように韓国の文化に対する関心が高く，韓国人が多く居住するコリアタウンにはお洒落な店舗が立ち並ぶ。ロッテグループは，この潜在的な韓国人気を流通業における集客に結びつける販売戦略を展開している。例えば，ロッテグループは，韓国国内において，ロッテ免税店，ロッテマート，ロッテ百貨店，ロッテホテル，及びロッテリアを多店舗展開しているが，ロッテ免税店は，2017年にダナン市のダナン国際空港に出店し，外国人観光客の増加に伴い進出１年目に黒字計上した。

ところで，ロッテの韓国進出は早く，2008年にロッテマートが進出している。2018年時点で，ロッテマートは，ベトナム全土で13店舗を展開しているが，年間２桁の成長率を示している。この理由としては，韓国企業に対する信頼感の醸成，ロッテマート＝高級商品というイメージ戦略，PB製品の開発力，洗練されたデザイン性等が挙げられる[14]。

---

[12]　東亞日報（http://japanese.donga.com/List/3/all/27/425445/1）参照。

[13]　三菱UFJリサーチ＆コンサルティング編，「ベトナム経済の現状と今後の展望」（2018年）21ページ。

[14]　中央日報（http://japanese.joins.com/article/795/232795.html）参照。

【図表Ⅴ-19】 ベトナムへの新規投資案件上位10社（2016年）

企業名	事業	許可額	地域	投資国
LGディスプレイ	ディスプレイ製造	15億ドル	ハイフォン市（北部）	韓国
LGイノテック	カメラモジュール製造	5.5億ドル	ハイフォン市（北部）	韓国
CDC	工業団地・港湾開発	3.15億ドル	クアンニン省（北部）	英領ケイマン諸島
アマタ	工業団地・都市開発	3.09億ドル	ドンナイ省（南部）	タイ
ロッテモール（シンガポール現地法人経由）	複合施設の建設・管理・運営	3億ドル	ハノイ市（北部）	シンガポール
ソウル半導体	LED製造	3億ドル	ハナム省（北部）	韓国
サムスン電子	R&Dセンター	3億ドル	ハノイ市（北部）	韓国
JAソーラー	太陽電池パネル製造	2.8億ドル	バクザン省（北部）	中国
ウイジン建設	風力発電	2.48億ドル	チャビン省（南部）	韓国
DNS Asia Investment Phu My Hung Asia	不動産開発	2.26億ドル	ホーチミン市（南部）	英領ケイマン諸島

（出所）みずほ総合研究所編，「ベトナム投資を拡大する韓国企業」（2017年）2ページ。

【図表Ⅴ-20】 サムスン電子がベトナムに進出した理由

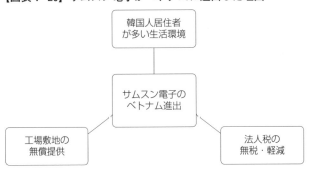

活気あるベトナム・ホーチミン市の街並み（撮影・2014年）

第5節　韓国中堅財閥の生存戦略と経営戦略

第1項　韓国食品企業の日本食品企業との業務提携

1．農心と味の素の合弁事業と他の即席麺会社の動向

　韓国は，インスタントラーメンの消費量が世界最大の国であるが，韓国の即席麺製造会社を代表する存在が「農心（ノウシン）」である。農心は，ロッテグループ創業者である辛格浩（シンキョク ホ）（重光武雄）の弟である辛春浩（シンチュノ）によって，ロッテ工業株式会社として1965年に創業されるが，後に，辛格浩との関係が悪化したため，1978年にロッテグループから離脱して社名をロッテ工業株式会社から「株式会社農心」に変更した。

　また，農心は，「辛ラーメン」等の大ヒット商品を有し，韓国初のカップ麺の開発会社でもあり，韓国インスタントラーメン市場でシェア第1位の座を占め

る企業であるが，日本企業との業務提携を積極的に展開している。例えば，2002年に，農心は，加卜吉（現・テーブルマーク・JT グループ）との業務提携により「農心ジャパン」を発足させた（2010年に業務提携を終了する）。その後，農心は，米菓大手の亀田製菓との業務提携を模索し，2017年には味の素との間で合弁の粉末スープ生産会社を設立することに合意した。農心と味の素の合弁会社設立は，韓国におけるコンシュマー食品事業の拡大を目的として，味の素グループの製品開発・生産技術力と，農心の家庭用市場向けの販売力を組み合わせたものであり，食品事業の地域ポートフォリオ強化を目指した成長戦略の一環として位置づけられる[15]。

　一方，農心のライバル企業としては，「オットゥギ」と「三養<ruby>三養<rt>サムヤン</rt></ruby>ラーメン」の社名が挙げられる。まず，熱ラーメンを販売しているオットゥギであるが，同社は，1969年にカレー（ルー，レトルト）の製造を開始し，1972年に韓国初のマヨネーズの製造を開始した会社でもあり，ロシア，ニュージーランド，メキシコ，中国，米国等に海外法人を設立して海外進出を果たしている。次いで，即席麺の販売会社としては，三養ラーメンも存在するが，同社は，全仲潤<ruby>全仲潤<rt>チョンジュンユン</rt></ruby>が1963年に日本の明星食品から無償の技術提供を受けて即席ラーメンを韓国で初めて販売した韓国即席麺製造会社の老舗的存在である。つまり，韓国のインスタントラーメンは，韓国国民の間でも周知されていないが，日本企業からの無償の技術提供により誕生した食品である。

2．ヘテ製菓とカルビーの合弁事業と復活・再上場

　1945年，ヘテグループが創業されるが（1996年当時，財界ランキング第24位），そのヘテグループの中核企業が「ヘテ製菓」であり，ヘテ製菓は，ブラボーコーンアイス，エースクッキー，マットンサン，ホームランボール，オーイェス等のヒット商品を有するが，一方で，「カロリーバランス」（大塚製薬のカロリーメイトの類似商品）や，「キリンメイト」（ロッテのキリントールの類似商品）等の日本商品の模倣・コピー商品の製造でも有名な企業であった。

　しかし，ヘテ製菓は，本体のヘテグループの業務拡大路線の失敗の煽りを受けて（1997年に不渡りを出す），2001年に UBS コンソーシアムに売却され，さらに，2005年に UBS コンソーシアムからクラウン製菓に売却されたのである。

---

[15]　日本経済新聞（https://www.nikkei.com/article/DGXLRSP466893-R21C17A2000000/）参照。

クラウン製菓への売却後，クラウン製菓会長の尹泳達は，クラウン製菓とヘテ製菓との融和を目指して，両社の幹部級職員を対象とした「モーニングアカデミー」等を開催して対話路線を模索した。

　2011年，ヘテ製菓は，日本のカルビーとの間で合弁会社を設立し，蜂蜜味のポテトチップスである「ハニーバターチップ」を爆発的にヒット（販売3か月で約50億ウォンの売上を計上する）させるが，同商品のヒットは，既存の塩辛い味が定番であったポテトチップスに，蜂蜜味という甘い味の商品を提供した優れた市場調査・商品開発力と，SNS（口コミ）による商品情報の拡散という新たな広告宣伝効果がもたらした成功事例である。そして，ヘテ製菓は，カルビーとの合弁事業であるハニーバターチップのヒットにより，2016年に15年振りに韓国有価証券市場への再上場を果たしたのである。

第2項　韓国軍需産業とハンファ防衛関連4社の武器輸出

　現在，韓国の軍事関連輸出は増加傾向を示しており，2016年には2009年と比べると，1,100％近く増加しており，今後20年間で，中国を抜きアジア最大の武器輸出国になることも予測される[16]。例えば，韓国軍需産業は，兵器輸出の拡大に力を注いでおり，「2006年に2.5億ドルだった輸出額は，14年には36億ドルを超え，8年で14倍の伸びを示した。輸出先も47か国から80か国以上に増えている。14年はマレーシアに哨戒艦6隻，ポーランドに自走砲120両などを輸出する契約を締結した。そして，今回，フィリピンに輸出したFA50戦闘機は，国産の超音速練習機T50を基に開発したもので，T50系列の航空機をフィリピンのほか，インドネシアやイラクにも輸出している」[17]と説明される。つまり，韓国の防衛産業は，武器輸出を成長戦略として位置づけているのである。

　また，韓国軍需産業の一角を占める「韓火」防衛関連四社（ハンファ，ハンファテックウイン，ハンファシステム，ハンファディフェンス）は，IDEX2017（International Defense Exhibition & Conference2017）において，アジア地域に代わる中近東という新たな海外市場の獲得を目指して多連装ロケットシステ

⒃　日本経済新聞（https://www.nikkei.com/article/DGXMZO10330340W6A201C1000000/）参照。

⒄　産経ニュース（https://www.sankei.com/world/news/151201/worl512010050-nl.html）参照。

ム（ハンファ），K9自走砲（ハンファテックウイン），K10弾薬運搬装甲車（ハンファテックウイン），熱線観測装置等の総合軍事監視システム（ハンファシステム），K21歩兵戦闘車両（ハンファディフェンス）等の軍事兵器を出展している。

　しかしながら，近年，韓国軍需産業は，不正問題や汚職事件を指摘されている。例えば，韓国航空宇宙産業（以下，「KAI」とする）は，1999年に，現代宇宙航空，サムスン航空産業，大宇重工業の3社が合併して設立された団体であるが，KAIは，韓国製ヘリコプター「スリオン」，韓国型高等訓練機 T-50，及び韓国製戦闘機 FA-50の内需用原価（開発費用）において不正会計の嫌疑をかけられた。そして，2017年9月23日に，KAIの河成竜前代表は，資本市場法違反，粉飾決算，及び賄賂供与等の容疑で逮捕された。さらに，KAIに対しては，7兆ウォン規模で進行している次期戦闘機事業を巡る不正も発生し問題視されている。

　また，汚職事件ではないが，防衛軍需産業の一翼を担っている韓国財閥の後継者（2世・3世）の兵役義務逃れに対しても批判の声が上がっている。例えば，KBS報道チームの調査結果に拠れば，「韓国十大財閥一家の出身者628人中，

【図表Ⅴ-21】　最近10年間における韓国の軍事費の推移

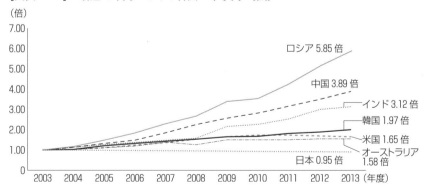

1　各国発表の国防費をもとに作成
2　2003年度を1とし，各年の国防費との比率を単純計算した場合の数値（倍）である。（小数点第2位以下は四捨五入）。
3　各国の国防費については，その定義・内訳が必ずしも明らかでない場合があり，また，各国の為替レートの変動や物価水準などの諸要素を勘案すると，その比較には自ずと限界がある。

（出所）防衛省・自衛隊，「防衛関係費の現状について」参照。

米国出生者は119人であり米国籍保有者は10％に達し，韓国国籍を放棄した財閥一家の男性35人中，23人（65％）が兵役免除を受けている」[18]と報告されている。しかし，韓国の財政及び経済を主導する立場にある韓国財閥に生を受けた者が兵役義務（徴兵制）を果たさないことは国民感情からも批判を受けて当然である。

　なお，韓国の軍事費は，図表Ⅴ-21に示すように，増加傾向を示しているが，ストックホルム国際平和研究所（スウェーデン）の調査結果によれば，2017年の軍事費は世界10位である（軍事費392億ドル・対 GDP 比2.6％）。

第3項　新世界のベンチマーキングとピエロ・ショッピング開業

　新世界（シンセゲ）グループは，サムスングループから独立した新世界百貨店と E-mart（イーマート）を擁する韓国財閥である。2018年，新世界グループは，韓国経済の景気減退を受けて，新たなビジネスチャンスを求めベンチマーキングにより「ピエロ・ショッピング」を江南（カンナム）エリアの COEXMALL（コエックスモール）に開業した。

　ベンチマーキングとは，「他社の製品の製造プロセスや販売サービス等について詳細に比較し分析する」手法のことであるが，ベンチマーキングにもとづいて開業した「ピエロ・ショッピング」は，日本のドン・キホーテとビジネススタイルが類似しており，図表Ⅴ-22に示すように，①多種多様な品揃え，②圧縮陳列方式，③安価な商品提供を特徴としている。

　実際に，ピエロ・ショッピングは，店舗内に，生鮮食品，日用品，家電製品，化粧品等の多種多様な雑貨商品を圧縮陳列方式で1店舗当たり4万個程度陳列しているが，この品揃えは，1店舗当たり5万個程度陳列しているドン・キホーテの品揃えと比べても遜色がない。

　また，ベンチマークの利点は，市場調査や商品開発に費やすコストを削減し，消費者の購買意欲を刺激する商品を提供できることにあるが，ビジネスにおいてベンチマークを活用しているのは「新世界グループ」だけではなく，韓国五大財閥に区分される「ロッテグループ」も採用している。

---

[18]　http://japan.hani.co.kr/arti/politics/19749.html 参照。

【図表Ⅴ-22】ドン・キホーテとピエロ・ショッピングに共通
している販売方法

第4項 韓国化粧品産業の業界分析と海外戦略

1．アモーレパシフィックのマーケティング戦略

　アモーレパシフィックは，創業者である徐ソンファンが，1932年に化粧品ビ
ジネスを開始し，1945年に太平洋化学工業社を創業したことに始まり，1959年
に太平洋化学工業株式会社に社名変更し，そして，1987年に太平洋化学株式会
社に社名変更し，さらに，2006年には，国際市場において事業展開することを
目的として，アモーレパシフィック（AMORE PACIFIC）に社名変更した新
興企業である。

　現在，アモーレパシフィックは，図表Ⅴ-23に示すように，化粧品大手メー
カーの世界市場シェアにおいて十傑に位置していないが，資生堂や花王に続く
アジア有数の大手化粧品会社である。そして，アモーレパシフィックは，非韓
国財閥系の新興企業であるにもかかわらず，競合企業であるLG財閥系の「LG
生活健康」と共に韓国化粧品業界を牽引している。例えば，アモーレパシフィ
ックとLG生活健康の2社で韓国化粧品業界の約50％のシェアを占め，売上高
の約80％を占めている[19]。

　また，アモーレパシフィックの成功要因として挙げられるのが，図表Ⅴ-24
に示すように，「地域別・国別の特性調査」，「価格帯・販売方法の確立」，及び
「ブランドイメージの確立」を巧みに駆使したマーケティング戦略である。

　つまり，アモーレパシフィックは，まず地域別・国別の特性を調査し，次い
で，価格帯・販売方法を確立すると共に，ブランドイメージを確立させたので
ある。例えば，ソウルやニューヨーク等では，富裕層を対象として女性向けの

⒆　KHIDI 韓国保健産業振興院編，『2007年化粧品産業分析報告書』（2008年）35ページ。

情報誌やSNSに対して商品情報を提供しながら，高級百貨店において高価格帯の商品をカウンセリングによって対面販売することにより，ブランドイメージを確立させ，逆に，韓国国内のチェーンストアやブランドショップでは，低価格帯を武器にして販売経路を確立させたのである。

　加えて，日本人観光客及び中国人観光客の増加に対応して免税店での販売にも注力したことにより，免税店での拡販もアモーレパシフィックの売上高増加に貢献した。その結果，アモーレパシフィックは，エチュード，ヘラ，マモンド，アイオペ，オデッセイ，ハンユル等の化粧品ブランドに加えて，漢方化粧品（雪花水・イニスフリー），ラネーズ（中国市場向け商品）等の化粧品事業部門を有することになる。

【図表Ⅴ-23】　化粧品大手メーカーの世界市場シェア

会社名	所在国	2009年	2010年	2011年
Procter & Gamble （プロクター・アンド・ギャンブル）	USA	11.7	11.6	11.4
L'Oreal （ロレアル）	France	10.0	9.7	9.7
Unilever （ユニリーバ）	UK	6.5	7.1	7.7
Colgate-Palmolive （コルゲート・パルモリーブ）	USA	3.6	3.7	3.8
Avon Products （エイボン・プロダクツ）	USA	3.3	3.3	3.2
BeierdorfAG （バイヤスドルフ）	Germany	3.3	3.2	3.1
Estee Lauder （エスティ・ローダー）	USA	3.0	2.9	2.9
Johnson & Johnson （ジョンソン・エンド・ジョンソン）	USA	2.9	2.9	2.8
資生堂	JP	2.4	2.4	2.5
花王	JP	2.2	2.1	2.1

（出所）Euromonitor International『World cosmetics & Toiletries Marketing Directory 2011』

【図表Ⅴ-24】　アモーレパシフィックのマーケティング戦略

- ブランドイメージの確立
- 価格帯・販売方法の確立
- 地域別・国別の特性調査

２．LG生活健康のM&A戦略による日本市場進出

　LG生活健康は，図表Ⅱ-5に示すように，韓国大手財閥の一角を占めるLGグループ傘下の企業であり，LGグループの祖業である化粧品事業を展開する企業である。例えば，LG化学は，女性用化粧品のラッキークリーム（俗称・ドンドンクリーム）を販売し，1984年に，ドボーンという自社ブランドを製作して本格的に成長する。その後，1997年に，LG化学の企業内部に生活健康事業部が設立され，2001年にLG化学から化粧品等の生活化学分野が分社化され「LG生活健康」が創業されたのである。

　また，LG生活健康の成長戦略としては，通販業への進出と日本市場におけるビジネス展開が挙げられる。例えば，LG生活健康は，図表Ⅴ-25に示すように，日本市場への進出を目的として，100％子会社の銀座ステファニー化粧品を通じて，日本企業のエイボン・プロダクツの全株式を約105億円で買収し，さらに，顧客拡大と中華圏富裕層の獲得を目指し，宮中化粧品をコンセプトに掲げ，有名女優のイ・ヨンエをイメージモデルに起用し漢方化粧品の后（Whoo）を販売したのである。

【図表Ⅴ-25】　LG生活健康の日本市場進出

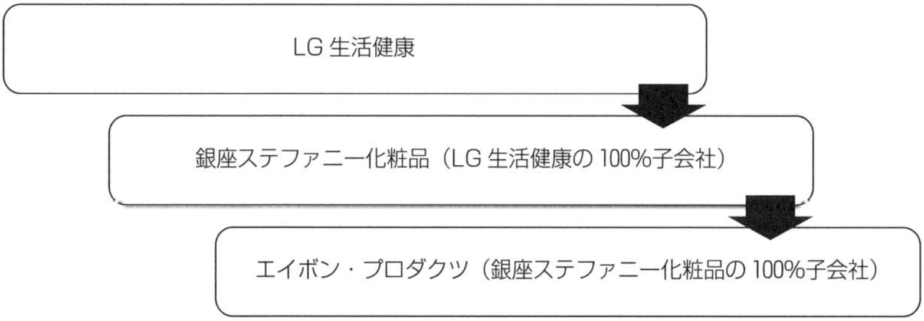

- LG生活健康
- 銀座ステファニー化粧品（LG生活健康の100％子会社）
- エイボン・プロダクツ（銀座ステファニー化粧品の100％子会社）

3．韓国化粧品メーカーの国際評価と海外市場戦略

　韓国と日本の化粧品メーカーは，海外市場において競合関係にあるが，韓国化粧品メーカーのなかで海外市場において高い評価を受けている存在はアモーレパシフィックである。しかし，アモーレパシフィックは，図表Ⅴ-23に示すように，化粧品大手メーカーの世界市場シェアにおいて十傑に入っておらず，資生堂や花王の後塵を拝している。例えば，両社の財務内容は，図表Ⅴ-26に示すように資生堂の収益性が好転しているのに対してアモーレパシフィックの収益性は悪化している。そのため，アモーレパシフィックは，海外市場としての魅力を有する中国進出を目指している。なぜならば，中国の化粧品市場は，図表Ⅴ-27に示すように急速に成長し拡大しているからである。

　しかしながら，中国化粧品市場は，外資投資企業の存在（合弁や合資等の割合が約40％）が大きく，ロレアル，ユニリーバ，エイボン・プロダクツ，エスティ・ローダー，資生堂，花王等の外資系多国籍企業に独占されている。そのため，アモーレパシフィックは，中国市場への進出を意図して，2015年に，LG生活健康と共同イベント（Kビューティーショー・イン・チャイナ）を南京と杭州で開催したのである。

　一方，資生堂は，訪日客を対象とする再販を目的として，ネット通販最大手

【図表Ⅴ-26】　アモーレパシフィックと資生堂の収益性の比較

① アモーレパシフィックの収益性　　　　　　　　　　　　　　単位：億ウォン

区分	2016年12月期	2017年12月期	2018年12月期	計算式
売上高	56,454	51,238	52,778	(A)
営業利益　　※本業利益	8,481	5,964	4,820	(B)
営業利益率（％）	15.022	11.639	9.132	(B)÷(A)×100

（出所）アモーレパシフィックホームページ参照。

② 資生堂の収益性　　　　　　　　　　　　　　　　　　　　単位：百万円

区分	2016年12月期	2017年12月期	2018年12月期	計算式
売上高	850,306	1,005,062	1,094,825	(A)
営業利益　　※本業利益	36,780	80,437	108,350	(B)
営業利益率（％）	4.325	8.003	9.896	(B)÷(A)×100

（出所）資生堂ホームページ参照。

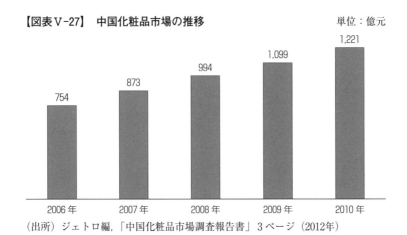

【図表Ⅴ-27】　中国化粧品市場の推移　　　　　　　　　　　　単位：億元

（出所）ジェトロ編，「中国化粧品市場調査報告書」3ページ（2012年）

のアリババ集団が展開する同社の主力サイト天猫（Tモール）と提携し中国市場での事業展開を行うと共にASEANにおける事業展開を模索している。

第5項　韓国コンビニエンスストア業界の市場分析と経営課題

韓国コンビニエンスストア（以下，「韓国CVS」とする）業界は，図表Ⅴ-28に示すように，CU（BGFリテール運営），GS25（GSグループのGSリテール運営），セブンイレブン（コリアセブン運営）の3社により市場の過半が占められている。他の運営会社としては，ミニストップ（日系イオングループ運営），emart24（新世界グループのEマートウィズ・ミー運営）が挙げられる。

従来，韓国CVSを牽引してきたのはCUを展開する普光グループであり，同グループは1930年にファミリーマートのフランチャイズ権を獲得して急成長したが，2012年7月にライセンス契約が切れたことを契機として，独自の商品開発や店舗出店を目的としてファミリーマートとの関係に終止符を打ったのである。

また，韓国CVSにおいて，韓国財閥の系列化にあるのはGS25とemart24の2社であるが，前者はLSグループ（後に，GSグループとして分離する）を前身としており，後者は新世界グループがウォルマートから同社を買収した際に，新世界グループのブランド名である「emart」に店舗名を変更した企業である。そして，ミニストップは，日系イオングループの系列企業であるミニストップ

【図表Ⅴ-28】　韓国コンビニエンスストア業界のシェア（2017年度）

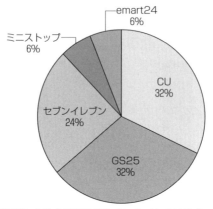

（出所）各社有価証券報告書に基づき自己作成。

　の韓国現地法人が運営する企業である。2017年3月時点における韓国CVSの店舗数は，産経グループの調査に拠れば，人口1,491人当たり1店舗（総計3万4,376店舗）であるのに対して，日系コンビニエンスストア（以下，「日系CVS」とする）は，人口約2,200人当たり1店舗（約5万6,000店舗）であり韓国CVSの成長性の高さが窺える。その理由としては，近年の新卒学生の就職難や中高齢者の離職・転職率の高さと，他のビジネスに比較して小資本で開業できる利点が挙げられるが，このような状態が続けば，いずれ韓国CVS業界は，店舗経営者の増加に伴い寡占化することが予測できる。そのため，韓国CVSは，将来的に海外進出を視野に入れなければならないのであるが，韓国CVSの海外進出は日系CVSに比べると遅れているのである。

　一方，日系CVSは，海外進出に対して積極的であり，例えば，ファミリーマートが台湾（1988年），韓国（1990年・現在は撤退），タイ（1992年），中国（2004年），ベトナム（2009年）に進出し，ミニストップも韓国（1990年），フィリピン（2000年），中国（2009年），ベトナム（2011年）に進出し，そして，セブン-イレブン・ジャパンとローソンも中国を中心としてアジア地域に進出している。

第Ⅵ章
韓国財閥の脱税・不正事件と社会的責任

第1節　韓国財閥におけるコーポレートガバナンス改革の必要性

　韓国財閥の経営形態がファミリービジネスであると評される所以は，創業家出身の経営者が自己の利益確保を目的として，大統領，政治家，及び軍関係者との間で婚脈，学縁（学閥），地縁という縁故関係に基づくインフォーマル・ネットワークを構築したことに起因する。そして，既述のような韓国財閥と大統領及び政治家との親密関係は，「政経癒着問題」を発生させたのである。

　実際に，韓国財閥と大統領の癒着は，政治的腐敗を生じさせ大統領に対する国民の信頼を失墜させると共に利害関係者の韓国財閥に対する信頼感を喪失させている。企業経営の企業統治が有効に機能するためには，「社外取締役の独立性」を確保することが求められており，社外取締役の独立性については米国においても認識されている。

　一方，韓国では，金大中 大統領と盧武鉉 大統領によるコーポレートガバナンス（Corporate Governance）改革が行われている。1998年，金大中大統領により提唱された韓国のコーポレートガバナンス改革では，図表Ⅱ-11に示すように，理事（取締役）総数の4分の1以上を社外理事（社外取締役）として選任することを決定した。

　しかしながら，韓国財閥の社外取締役の実態は，財閥創業家及び財閥総帥と直接利害関係を有する者と学縁関係者が多く，2011年度・韓国五大財閥における財閥創業家及び財閥総帥と利害関係を有する社外取締役数（比率）は，図表Ⅰ-5に示すように，サムスングループ12人，現代自動車グループ8人，SKグループ10人，LGグループ7人，ロッテグループ6人である。

　つまり，韓国財閥においては，多くの社外取締役が財閥創業家及び財閥総帥と何らかの利害関係を有する者で占められ，社外取締役候補推薦委員会は形骸

化し，必ずしも"社外取締役の独立性"が保たれているとはいえないため改善することが求められる。

　また，太陽政策を掲げる盧武 鉉 (ノ ム ヒョン) 大統領によるコーポレートガバナンス改革では，韓国財閥に対して，出資総額制限が設けられた。出資総額制限とは，韓国財閥の無制限な拡大の抑制を目的として，1986年に資産総額合計4000億ウォン以上の大規模企業集団を対象として，系列企業の純資産の40％以内（1994年に純資産の25％以内に改正される）に制限することを義務づけたものである。

　但し，2002年には，規制対象が資産規模5兆ウォン以上の企業集団に変更された。しかし，歴代韓国大統領によるコーポレートガバナンス改革は必ずしも成功しているとはいえず，現実的には，韓国財閥の脱税・不正事件を防ぐことはできない。そして，歴代韓国大統領は，不遇な末路を辿るケースが多い。例えば，初代から3代までの李承晩 (イ スンマン) 大統領が国外逃亡し，崔圭夏 (チェギュハ) 4代大統領が軍事クーデターにより辞任し，5代から9代の大統領を務めた朴 正 煕 (パクチョンヒ) が暗殺され，第11代から12代の大統領を務めた全 斗 煥 (チョンドゥファン) が死刑判決を受け（後に，特赦を受ける），盧泰愚 (ノテウ) 第13代大統領も懲役刑を受けている（後に，特赦される）。

　また，近年の韓国大統領の状況をみても，大統領とその近親者及び側近が，図表Ⅵ-1に示すような政治汚職及び不正事件を生起させており，そのため，財閥改革を実現するためには，大統領自身（大統領の近親者を含む）が政治汚職及び不正事件に関与しないことが求められる。

第2節　多発する韓国財閥の脱税・不正事件の分析

第1項　韓国財閥の脱税・不正事件の事例研究

1．大宇グループの脱税・不正事件と財閥解体

　大宇グループは金宇 中 (キム ウ ジュン) により創業されるが，北朝鮮出身の金宇中は苦学して延世大学校 (ヨンセ) （経済学科）を卒業した後，サラリーマン生活を経て30歳で大宇実業を設立する。当時，韓国では，金宇中が主張した『世界経営論』に感銘を受ける者が増え，「世界は広く，やることは多い」という発言が流行語になるくらい立志伝中の人間として国民に衆知された存在であった。実際，金宇中は，全国経済人連合会会長の職に就き，次期大統領候補としても高く評価されたが，金宇中の京 畿高校卒 (キョンギ)，延世大学出身という学歴も大統領候補に相応しいもの

【図表Ⅵ-1】近年の歴代韓国大統領の政治汚職及び不正事件

代	大統領名	経歴	事件内容
14代	金泳三 キムヨンサム	ソウル大学哲学科を卒業し，国会議員（当時，最年少国会議員）として政界入りし，民主化運動家としても活躍する。朴政権以来32年間続いた軍事政権を消滅させ文民政権と評された。大統領就任後は，質素を旨として政治と経済の癒着を厳しく監視した。また，大統領退任後は，早稲田大学客員教授の職に就く。	小頭領と評された次男の金賢哲 キムヒョンチョルが利権介入に伴う脱税と斡旋収賄の容疑で逮捕された。
15代	金大中 キムデジュン	民主運動家として活躍し，民主化運動の首謀者として死刑判決を受けたこともある。大統領就任後，サムスンや現代自動車等の国内産業の育成に貢献する。また，大統領自身は，脱税・不正事件に関与することがなかったため2003年に任期満了で退任し，2009年に死去した際には国葬が執り行われた。	2002年に，国会議員である長男の金弘一 キムホンイルが選挙資金絡みの不正である「陳承鉉ゲート」 チンスンヒョンに連座し斡旋収賄罪により有罪判決を受け，さらに，次男の金弘業 キムホンオプと三男の金弘傑 キムホンゴルも斡旋収賄罪で逮捕され罰金刑に処せられた。
16代	盧武鉉 ノムヒョン	貧家に生を受け，苦学して司法試験に合格し弁護士として活躍する。	大統領の兄と側近が収賄罪の容疑で逮捕され，大統領自身も6億円超の不正献金疑惑で事情聴取を受けた。2009年に検察庁の取り調べ後に，飛び降り自殺する。
17代	李明博 イミョンバク	日本に生を受け4歳まで日本（大阪市平野区）で過ごし，定時制商業高校から苦学して高麗大学商学部経営学科に進学する。しかし，在学中に，日韓会談に反対して国家内乱煽動の容疑で逮捕される。この逮捕歴のため就職することが難しく零細企業の現代建設に就職する。そして，現代建設社長として同社を16万人規模の大企業に成長させ，その後，ソウル特別市市長を経て政界入りする。	大統領の兄と側近が，土地不正購入に伴う収賄罪で逮捕されたため，大統領職を退任するが，2018年に，大統領在任中の収賄罪等の容疑で逮捕された。

| 18代 | 朴槿恵 (パク・ク・ネ / パクチョン ヒ) | 朴正熙大統領の長女として生まれ，両親を暗殺されるが，西江大学電子工学科に進学し首席で卒業する。国会議員として政界入りして東アジア初の女性大統領に就任する。 | 2016年に，友人の崔順実(チェスンシル)の国政介入問題で逮捕・起訴・収監され，2017年に，大統領弾劾により罷免された韓国史上初の大統領となった。なお，セウォル号沈没事件では，事件対応の悪さを国民から批判された。 |
| 19代 | 文在寅 (ムンジェイン) | 北朝鮮からの難民の子として巨済島に生まれる。父は，巨済島捕虜収容所で労働者として働き，母は，鶏卵売りの行商を行って生計を立てていたため生活費にも困窮しており，4年全額奨学金が給付された慶熙(キョンヒ)大学法学部に進学し，民主化運動，兵役を経て大学校卒業後，司法試験に合格し弁護士となる。また，盧武鉉(ノ・ムヒョン)大統領の側近として大統領秘書室長を務め，盧武鉉大統領の死後に，政界入りし2017年に大統領選に出馬し当選する。 | 2019年に，側近の曺国(チェグク)を法務部長官に強硬指名した（約1か月で辞任）。しかし，曺国の周辺には，娘の高麗大学不正入学疑惑や息子の兵役延期問題が発生しており，そして，曺国自身の年齢詐称疑惑やソウル大法学修士論文の剽窃問題が取りざたされ，妻も私文書偽造容疑で在宅起訴された。大統領府民情首席秘書官として文在寅大統領を補佐した側近の曺国が生起させた疑惑や不祥事は，文在寅大統領の人気を下落させた。 |

である。

　また，大宇グループは，図表Ⅵ-2に示すように，政府の庇護を受けて急成長を遂げ，系列会社41社，従業員数15万人を擁する資産規模第2位の大財閥にまで成長するが，この成長を支えたのが大統領との接近であった。なぜならば，金宇中は，「朴正熙(パクチョン ヒ)の家族の家庭教師をした縁を最大限に利用して，多額の新規融資を条件として政府から多数の不良企業の引受を行うと共に，輸出支援策を採る政府から各種の特恵を受けることができた」[1]からである。つまり，大宇グループの多角化では，朴正熙との個人的な親密関係の構築が「不実企業」の経営を引き継ぐ際に有効に働き，海外からの借款を1年以上返済することができずに会社整理法の対象となり，銀行管理下に置かれている「不実企業」の経営を引き継ぐと共に，政府から政策金融の支援を受けることにも成功したので

(1)　深川由紀子著，『韓国・先進国際経済論』（日本経済新聞社，1997年）112ページ。

ある。

【図表Ⅵ-2】韓国企業グループ資産ランキング
〈1999年度・韓国公正取引委員会資料〉

(単位：兆ウォン)

順位	企業集団	資産規模
第1位	現 代 （ヒュンダイ）	88兆8,060億
第2位	大宇 （テウ）	78兆1,680億
第3位	三星 （サムスン）	61兆6,060億

(出所) http://jbpress.ismedia.jp/articles/-/41613。

　実際に，大宇グループが自ら創設した企業は，大宇実業を除けば，僅かに東洋投資金融，海友船舶，大宇開発の3社だけであり，大宇グループの系列企業群は，図表Ⅵ-3に示すように韓国政府から経営権の譲渡を受けた「不実企業」により編成されている。

　また，大宇グループは，朴正煕大統領が主導した"漢江（ハンガン）の奇跡"と称される1960年代後半の経済成長下において急成長を遂げるが，歴史が浅い後発財閥であるため，先発財閥である現代（ヒュンダイ），三星（サムスン），ラッキーが引き受けないような「不実企業」の経営権を得ることにより事業拡大を図ったため，1999年4月には負債金額が59兆円まで膨らんだ。そして，これに追い打ちをかけたのは，1997年に発生した世界金融危機であり，経営不振に陥った大宇グループは，グループ総帥の金宇中が約20兆ウォンの粉飾決算と9兆8,000億ウォンにのぼる詐欺・不正融資を指示すると共に財産を海外に持ち出したのである[2]。そのため，ソウル中央地裁・刑事合議第26部は，「財閥グループ総帥としての社会的な責任と企業の倫理を忘却し，企業規模の拡大に執着した挙句に，国内財界ナンバー2の存在である大宇グループの倒産を招いた」として金宇中被告を起訴したのである。海外逃亡中の金宇中総帥は，帰国後に財産刑として過去最大の「懲役10年，罰金1,000万ウォン，追徴金21兆4,000億ウォン」の判決を言い渡されたが，大宇グループ・金宇中総帥が，国家に及ぼした悪影響に鑑みたならば妥当な量刑である。

---

(2)　東亞日報（http://japanese.donga.com/List/3/all/27/293465/1）参照。

【図表Ⅵ-3】大宇グループ傘下になった不実企業

年	企業名
1973年	双美実業・三洲ビルディング・交通ビル・新星通商・東洋証券・東南電気・栄進士建
1974年	交通会館・大元繊維
1975年	大韓教育保険・ピリオス
1976年	韓国機械工業
1977年	大成工業・製鉄化学・大洋船舶
1978年	セハン自動車・源林産業・新亜造船・東国製油

(出所)　チェ・ジョンピョ著,『韓国財閥史研究』(ヘナム図書出版, 2014年) 153-159ページ, 趙東成著,『韓国財閥研究』(毎日経済新聞社, 1990年) 245-263ページ, 木下奈津紀稿,「韓国における軍事政権と財閥―「新興財閥」大宇を事例として―」(愛知淑徳大学大学院, 2017年) 33ページ。

2．SK グループの脱税・不正事件と総帥復活

　SK グループは，度重なる不正事件を繰り返し，グループの財閥総帥が実刑判決を受けながらもグループの財閥総帥の座に復活しているのである。

　2003年，SK 会長の崔泰源は，特別経済犯罪加重処罰法の背任容疑（粉飾決算容疑）で検察庁に起訴された。しかし，SK グループは，韓国の政界，財界及びマスコミ界に巨大な婚縁ネットワークを構築しているため，崔泰源はこの婚縁ネットワークを活用し保釈金１億ウォンを支払い，短期間で財閥グループの会長職への復帰を果たしている。例えば，2008年，崔泰源は，SK テレコムと SKC&C の系列２社から497億ウォン（約41億円）を横領した罪状により在宅起訴され懲役４年の実刑判決を受けたがすぐに財閥総帥に復活している。その後，2011年12月29日，財閥総帥である崔泰源会長の弟である崔再源主席副会長が横領の容疑でソウル中央地検に拘束起訴され（後に，保釈），2012年１月５日には，財閥総帥である崔泰源会長自身も在宅起訴された。本件では，SK テレコム，SKC&C，SK ガス等の SK グループ系列企業18社が投資会社であるベネックスインベスト社に総額2,800億ウォンを投資したが，そのうち992億ウォンが実際には投資されずにベネックスインベスト社のキムジュンホン代表の借名口座を通じてキムウォンホン元 SK 海運顧問に流れたことが問題視されたのである[3]。

　しかし，2015年 8 月13日，韓国政府は，光復節（日本による植民地支配からの解放）70周年に際して，経済活性化のための大型投資と雇用拡大を期待し，横領罪で懲役 4 年の実刑判決で収監されていた崔泰源会長に対して大統領特赦を与えた。つまり，SK グループは，度重なる不祥事を生起させながらもその都度，財閥頭領が復権を果たすという特異な存在なのである。

　ところで，2006年当時の SK グループは，図表Ⅱ-9に示すように，「循環出資」を行っていた。例えば，崔泰源会長は，SKC&C の持ち株の45％をそれぞれ所有し，SKC&C は SK の持ち株の11％を所有していた。そして，SK は，SK テレコムの持ち株の21％・SKC の持ち株の46％・SK ネットワークの持ち株の41％を所有し，SK ネットワークは SK 証券の持ち株の23％を所有し，SKC は SK 証券の持ち株の12％を所有し，SK テレコムが SKC&C の持ち株の30％を所有していたのである。

3 ．LG グループの株式譲渡に伴う脱税行為

　従来，LG グループは，儒教思想に基づく "人和主義" を標榜して「長子承継」と具家と許家の二家共同によるファミリービジネスを行ってきたため，相続においても一族の団結力を重視した。そのため，LG グループは，図表Ⅵ-4に示すように，LG グループの株式が第三者に譲渡されることのないように，具家の一族間で株式の移動が行われたのである。例えば，2013年，具本茂の生存中，具本茂と具グァンモは，具本茂の長女である具ヨンギョンから LG 株式27万株を譲渡されたが，この LG 株式の売買に際して場内取引を用いて 4 日間連続で株式を分割して譲渡することにより株式評価額を下げて売買を行ったのである。

　これは，具本茂から具グァンモへの相続・事業承継を容易にするための手段であった。しかし，この行為は，株式市場を混乱させ不当な利益を得たという資本市場法第178条に違反する行為であり所得譲渡税の脱税にも相当する行為であるとして，具ヨンギョンは 4 億1,931万ウォンの譲渡所得税の脱税の罪にも問われたのである。

　韓国相続税法においては，株式と現金の相続税率に差があるため，税率の低い株式を巡る脱税事件が発生することになる。しかし，財閥総帥の座を巡る相

---

(3)　日本貿易振興機構（ジェトロ）アジア経済研究所編，「『経済民主化』で注目される財閥オーナーの裁判」（2013年） 1 ページ。

　続争いがなく韓国財閥のなかで優良企業集団として認識されてきたLGグルー
プにおいても脱税事件が発生したことは，韓国財閥におけるファミリービジネ
スの限界を窺えるのである。

　一方，日本の税法であれば，譲渡株式の売買価額が相続税評価額よりも低い
場合には，「低額譲渡」に該当することになり，売買価額と相続税評価額との
差額が贈与されたと見做されて贈与税の課税対象となる。また，低額の判断は，
売買価額が時価の2分の1を超えるか否やかにより異なり，時価の2分の1に
満たない場合には，時価で売買されたと判断され譲渡所得税が課税されること
になる。しかし，自社株の売却において株式の譲渡価額が2分の1を超える価
額で売却され，その売買価額が会社の「資本金等」の金額を超えている場合に
は，「みなし配当」と見做されることがあり「通達」の規定に従うことになる。

【図表Ⅵ-4】　資本市場法第178条に違反する株式譲渡

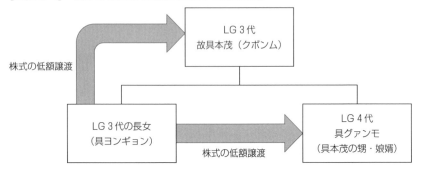

4．その他の脱税・不正事件と韓国財閥の変遷

　1997年から2016年までの韓国経済は，「名目国内生産（GDP）が97年の5,542
億ドルから1.4兆ドルへ拡大し世界第11位に伸長し，1人当たりの国民総所得
（GNI）も1万2,059ドルから2万7,561ドルへ増加し，空っぽ同然であった外貨
保有高は3,711億ドルにまで増えた」[4]というように好調に推移している。

　しかしながら，韓国財閥の生存競争は激しく，1997年当時の上位20社の韓国
財閥のうちで，現在までその地位を保っているのは，図表Ⅵ-5に示すように，

---

(4)　https://premium.toyokeizai.net/articles/-/15981参照。

サムスン，現代自動車・現代重工業，SK（鮮京），LG，ロッテ，ハンファ，斗山（トゥサン），韓進，大林，錦湖アシアナ等などの約半数であり，社会経済の変化に順応できなかった韓国財閥は生き延びることができなかった。

【図表Ⅵ-5】韓国財閥の変遷

1997年ランキング		2014年ランキング		2017年ランキング	
順位	企業集団	順位	企業集団	順位	企業集団
第1位	現代	第1位	サムソン	第1位	サムスン
第2位	サムスン	第2位	現代自動車	第2位	現代自動車
第3位	LG	第3位	SK	第3位	SK
第4位	大宇	第4位	LG	第4位	LG
第5位	鮮京（SK）	第5位	ロッテ	第5位	ロッテ
第6位	雙龍（双龍・サンヨン）	第6位	POSCO（ポスコ）	第6位	POSCO（ポスコ）
第7位	韓進	第7位	現代重工業	第7位	GS
第8位	起亜自動車	第8位	GS	第8位	韓火
第9位	韓火	第9位	農協	第9位	現代重工業
第10位	ロッテ	第10位	韓進	第10位	農協
第11位	錦湖	第11位	韓火	第11位	新世界
第12位	ハンラ	第12位	KT	第12位	KT
第13位	東亜建設	第13位	斗山（トゥサン）	第13位	斗山（トゥサン）
第14位	斗山（トゥサン）	第14位	新世界	第14位	韓進
第15位	大林	第15位	CJ	第15位	CJ
第16位	ハンソル	第16位	LS	第16位	富栄
第17位	暁星	第17位	大宇造船海洋	第17位	LS
第18位	東国製鋼	第18位	錦湖アシアナ	第18位	大林
第19位	眞露	第19位	東部	第19位	錦湖アシアナ
第20位	コーロン	第20位	大林	第20位	大宇造船海洋

（注）企業集団のなかには，国有企業が含まれていない。
（出所）韓国公正取引委員会，及び https://premium.toyokeizai.net/articles/-/15981を基に作成。

また，中堅の韓国財閥の経営も厳しく，2012年，熊津グループが，積極的な
M&A に失敗して経営破綻し，2013年，東洋グループの関連会社５社が法定管
理（会社更生法）の申請手続きを行い，STX グループもウォン高の影響を受け
て経営破綻し銀行管理下に入った。そして，既述のような生存競争のなかで，

【図表Ⅵ-6】主な韓国財閥の不正会計・税務事件と経営破綻

発生年	財閥名	犯罪内容
2006年	現代自動車	現代自動車会長は，役員と共謀して系列会社の資金を不正送金し同社に3,000億ウォンの損失を与え横領容疑で逮捕された。
2012年	韓火	韓火会長は，背任や横領等の経済犯罪により，懲役４年，罰金51億ウォンの実刑判決を受けた。
2013年	CJ	CJ 会長は，租税回避地を活用した秘密資金運用による脱税の容疑でソウル中央地検の調査を受けた。
	暁星	暁星会長は，海外事業による赤字補填を目的として約１兆ウォンの粉飾会計により法人税を脱漏した脱税容疑でソウル国税庁により追徴課税され検察告発も受けた。
2014年	韓進	大韓航空副社長は，私的理由で航空機の運航を妨害するという「ナッツ・リターン騒動」を引き起こした。
2015年	ロッテ	韓国ロッテは，グループ間の取引を利用して数十億ウォン規模の裏金を作ったと指摘された。
2016年	ロッテ	ロッテグループ創業家は，6,000億ウォン（約550億円）の脱税疑惑，及びロッテ建設の約500ウォン台の秘密資金疑惑で韓国検察の調査を受けた。加えて，韓国公正取引委員会から系列会社の株式保有報告書に虚偽があると指摘された。
	サムスン現代自動車SK，LGロッテ，韓火韓進，CJ	朴槿恵政権と韓国財閥における不透明な資金の流れを巡り韓国財閥への批判が嵩じ，サムスン，現代自動車，SK，LG，ロッテ，韓火，韓進，CJ 等の多くの財閥総帥が韓国検察庁の参考人聴取を受け，2016年12月10日，朴槿恵大統領の弾劾訴追案が国会で可決された。
2017年	サムスン	サムスン電子副会長は，朴槿恵大統領側に数百億ウォンの賄賂を贈った容疑で逮捕された。
2018年	ロッテ	ロッテが朴槿恵大統領側と友人の崔順実（改名後・チェソウォン）が関与する財団に70億ウォンの賄賂を提供したとして，ロッテグループ会長は，懲役２年６か月の実刑判決を受けた。

（出所）高沢修一著，『ファミリービジネスの承継と税務』（森山書店，2016年）119ページを
基に作成。

図表Ⅵ-6に示すように，財閥総帥が引き起こす不正会計や脱税等の不正事件の多さを指摘できるが，特筆すべきことは，五大韓国財閥のみならず中堅韓国財閥においても不正・脱税事件が多発していることである。

第2項　韓国財閥の脱税・不正事件の原因と国民批判

1．韓国財閥に対して寛容な司法及び行政に対する批判

　従来，韓国の司法及び行政は，財閥総帥の犯罪に対して寛容な態度で臨んできた。例えば，SK グループの崔泰源会長は度重なる不正事件に関与しながらも，「国家経済に貢献したことを勘案して」という理由で執行猶予付きの判決となり，その後，特別赦免となり，同様に，サムスングループは2007年に，現代自動車は2008年にそれぞれ財閥会長が起訴されているが，現代自動車グループの鄭夢九会長も実刑判決（一審判決）を受けるが控訴審では執行猶予付きの有罪判決となり，後に赦免され，そして，執行猶予付き有罪判決を受けたサムスングループの李健熙会長も「平昌オリンピック招致委員長として国に貢献させるため」という理由で特別赦免になり，その後，サムスングループの会長に復職している[5]。

　つまり，韓国財閥は，既述のように，財閥総帥が生起した脱税や粉飾決算等の不祥事について国民から社会的批判を受けているのにもかかわらず，財閥総帥は，刑事告訴後に短期間で社会復帰を果たしている。実際のところ，韓国財閥の総帥は，公的資金の私的使用及び不正会計に対する倫理観が希薄であり，事業展開のためであればビジネス慣習としての賄賂の収受についても寛容なビジネス慣習が韓国社会に醸成されているのである。そして，財閥総帥が早期に財界復帰できている理由としては，政治家と官僚を組み込んだ「婚縁」を効果的に活用しているためであると考えられる。そのため，韓国財閥は，単なるビジネス上の利点だけでなく，あらかじめ経済犯罪による刑事告訴の発生を想定して「婚縁」を構築し，創業家一族によるファミリービジネスの基盤を強固なものにしているのではないかと推測できるのである。

　ところで，韓国財閥に対する寛容な司法及び行政の遠因となった政経癒着問題の発生は，軍事クーデターにより誕生した朴正熙政権にまで遡ることがで

---

(5)　前掲注(3) 2 ページ。

きる。朴正熙政権は，銀行を国有化するという施策を行うが，当時年30％のインフレに対して，銀行からの借入利息は15％であるのに対して，外資借入利息は６％にしか過ぎず，そして，この外資からの借入は政府高官の判断に委ねられていたため，図表Ⅵ-7に示すように，各財閥は特恵を得ることを目的として政権担当者に対して巨額の賄賂を提供することになり，「政経癒着問題」が発生することになる[6]。

【図表Ⅵ-7】主な韓国財閥の大統領に対する提供額　　　　（単位：億ウォン）

盧泰愚大統領		全斗煥大統領	
企業名	提供額	企業名	提供額
三星	250	現代	220
現代	250	三星	220
大宇	240	東亜	180
東亜	230	韓進	160
ラッキー金星（LG）	210	大宇	150
韓進	170	ロッテ	150
韓宝	150	鮮京（SK）	150
ロッテ	110	韓一	150
漢陽	100	ラッキー金星（LG）	100
真露	100	錦湖	70
韓一	100	味元	70
合計	1,910	韓火	70
		合計	1,690

（出所）日経産業新聞（1996年１月24日）参照。

２．外部監査機能の不備と「金英蘭法」制定の効果

　韓国のコーポレートガバナンスは，「外部ガバナンス」と「内部ガバナンス」の二つの側面を有しているが，外部ガバナンスの視点から検証したならば，

---

[6]　池東旭著，『韓国の族閥・軍閥・財閥』（中央新書，1997年）140-144ページ。

1970年代の韓国は日本や米国に比べて金融機関が未成熟であり資本市場も未整備であったため外部ガイダンスが機能しているとはいえなかった。つまり，資本経済下において，米国では，金融機関を中心とする資本市場が効果的に企業経営を監視し，同様に，日本においても企業と恒常的に安定した取引関係を有している金融機関（メインバンク）が効果的に企業経営を監視することにより「外部ガバナンス」が機能してきたのに対して，韓国では，資本市場の担い手である金融機関自体が政策金融の橋渡し的存在にしか過ぎなかったため，「外部ガバナンス」の役割を果たすことができなかったのである[7]。

　その後，韓国においても金融機関（メインバンク）の成長に伴い資本市場が形成されるが，外部監視機能が強化され大統領と政治家を巻き込んだ韓国財閥総帥を巡る不透明な企業経営が是正されることはなかった。そのため，韓国では，韓国財閥総帥の不透明な企業経営に対する批判が多く，富める者（特定財閥）と富めない者（中小企業）との間の経済的な格差と，財閥が生起する不正会計と脱税も社会問題化している。そして，韓国財閥の総帥を巡る脱税や粉飾決算等の税務事件では，刑事告訴される財閥総帥も出現したのである。

　現在，韓国では，政治家及び公務員と韓国財閥及び韓国企業との癒着を防ぐことを目的として，「金英蘭法（キムヨンラン）」が制定されたが，この金英蘭法では，図表Ⅵ-8に示すように，公務員，私立学校教職員，及び報道関係者を「公職者等」と位置づけ，公職者等と配偶者に対する利益供与を制限することを目的として公職者等に対する接待行為の金額に上限が設けられており，職務と関係がある場合，1回の食事3万ウォン，贈答物5万ウォン，及び慶弔費10万ウォンを上限とし，職務と関係がない場合，公職者等に対する提供額が100万ウォンを超えたならば，3年以下の懲役又は3千ウォン以下の罰金が科せられる[8]。

　しかしながら，金英蘭法（キムヨンラン）は，韓国社会に「公益申告」という新たな問題を生み出すと共に，消費経済を冷え込ませるという経済的損失を生じさせている。例えば，韓国の中央銀行に相当する韓国銀行総裁は，「金英蘭法は中長期的にみれば社会の透明性を高め，効率を高めるためにうまく機能するが，短期的に

---

(7)　高龍秀稿，「韓国のコーポレート・ガバナンス―資金調達・株主構造を中心に―」『甲南経済学論集』第50巻第1・2・3・4号（甲南大学，2010年）56ページ。

(8)　髙沢修一著，『近現代日本の国策転換に伴う税財政改革』大東文化大学経営研究所研究叢書35（大東文化大学経営研究所，2017年）154ページに詳しい。

は一部のサービス業を中心に需要が冷え込み，さらには雇用にも否定的な影響を与える」[9]と指摘する。

第3節　社会的責任の意義と優遇税制・減税特恵の是非

第1項　企業の社会的責任とコーポレートガバナンスの関係

1．韓国財閥に求められる企業の社会的責任の在り方

今日，サムスングループ，現代―起亜自動車グループ，SK グループ等の韓国財閥に対しては，グローバル企業の一員として「企業の社会的責任」を担うことが求められている。

しかし，企業の社会的責任についての明確な定義は存在しておらず，一般的に，企業に課せられた社会的責任のことを「CSR（Corporate Social Responsibility）」と称する。例えば，シェルドン（Sheldon. O）は，CSR について，「企業の根幹を成す労働者を単なる労働力として捉えるのではなく，市民として認識し市民生活の利益のためにも余暇活動の重要性についても考慮するべきである」[10]と説明し，企業経営における労働者の人間性について重視している。つまり，CSR は，メセナやフィランソロピーと混同されがちであるが，メセナが「文化事業及び芸能活動に対する資金援助」であり，フィランソロピーが「社会的な奉仕活動に伴う資金の援助」であるのに対して，CSR は，単なる資金的な援助に加えて人間性や人的繋がりも重視している点において異なるのである。韓国財閥は，政経癒着や脱税・不正事件という負のイメージを脱却し，国内外の消費者からの信頼を得ることを目的として CSR 事業を展開するべきである。

また，韓国財閥の CSR の推進方法としては，図表Ⅵ-9に示すような①現金の寄付，②製品及びサービスの無償提供，③財団設立に伴う寄付が挙げられるが，「財団設立に伴う寄付」を活用することが多い[11]。

---

(9)　東洋経済（https://toyokeizai.net/articles/-/139925）参照。

(10)　Sheldon. O. (1924), "The Philosophy of Management", Sir Isasc Pitman and Sone Ltd. 企業制度研究会訳，『経営のフィロソフィ』（雄松堂書店，2010年）84ページ。

(11)　尹敬勲稿，「韓国財閥企業の CSR 戦略と社会的起業の創造― SK グループの『ヘンボックナヌム財団』の事例を中心として―」『流通経済大学論集』46（流通経済大学，2012年）202ページ。

【図表Ⅵ-8】金英蘭法の概要

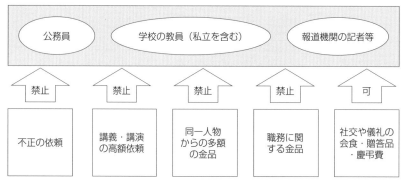

| 公務員 | 学校の教員（私立を含む） | 報道機関の記者等 |

| 禁止 | 禁止 | 禁止 | 禁止 | 可 |

| 不正の依頼 | 講義・講演の高額依頼 | 同一人物からの多額の金品 | 職務に関する金品 | 社交や儀礼の会食・贈答品・慶弔費 |

（出所）http://mainichi.jp/articles/20160929/ddm/007/030/169000c 参照。

韓国・ソウルの飲食店風景（撮影・2016年）

　そして，韓国財閥の CSR 戦略は，従業員の安定供給を視野に入れた奨学金の支給等の教育支援を目的としたものが主であったが，SK グループは「ヘンボックスナヌム財団」を設立し，貧困階層に属する欠食高齢者及び児童に対し

【図表Ⅵ-9】主な韓国財閥の大統領に対する提供額

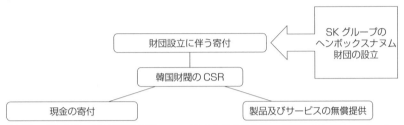

（出所）尹敬勲稿，「韓国財閥企業のCSR戦略と社会的起業の創造―SKグループの『ヘ
　　　ンボックスナヌム財団』の事例を中心として―」『流通経済大学論集』46（流通経済大学，
　　　2012年）202ページ。

てお弁当を提供する「幸せ弁当事業（ヘンボックドシラク事業)」というCSR
を展開している。

　また，SKグループは，度重なる不正事件を繰り返し，国民的批判を受けて
いる韓国財閥グループであるが，「ヘンボックスナヌム財団」の設立は贖罪の
表れとして認識できる。実際に，ヘンボックスナヌム財団の社会貢献事業は，
①貧困層の欠食高齢者及び児童のためにお弁当を提供する事業，②職業訓練教
育，③青少年の文化・芸術教育の支援，④社会的弱者の働き先を提供する社会
的起業の支援と広範多岐にわたっており国民からの評価が高い[12]。

　現在，韓国では，政治家及び公務員と韓国財閥及び韓国企業との癒着を防ぐ
ことを目的として，「金英蘭法」を制定したが，韓国財閥に対する国民の信頼
を高めるためには，金英蘭法のような罰則規定を設けることも有効であるが，
それよりも韓国財閥のなかに「企業の社会的責任」という考えを醸成すること
が求められる[13]。

２．集中投票制の義務化と社外取締役の独立性の強化

　韓国財閥では，商法上の規定に基づいて選任されていない財閥総帥の権限が
極めて強く，財閥総帥直轄の司令部署（会長秘書室等）において財閥総帥及び

---

[12]　前掲注[11]205ページ。
[13]　大韓航空の「ナッツ・リターン騒動」や「広告代理店へのパワハラ問題」は有名である
　　が，韓国財閥３世の横暴には目を見張るものがある。例えば，韓国財閥３世である韓国
　　建設大手の大林産業副会長もパワハラ問題を起こしている。この他，韓国財閥３世で大
　　麻所持及び使用や買春容疑をかけられている者も多い。

創業家の独占的な意思決定がなされるため「内部ガバナンス」は不十分な状態であり，この内部ガバナンスの不備が韓国財閥を巡る脱税・不正事件を頻発化させているのである。

　また，金大中大統領のコーポレートガバナンス改革では，「集中投票制」の導入が提唱されたが，集中投票制度とは，「2人以上の取締役を選任する場合には，各株主に1株ごとに選任する取締役の数と同じ数の議決権を付与し，その議決権を取締役候補者1人または数人に集中して投票する方法」のことであり，集中投票制を導入すると大株主が支持する取締役によって取締役会が掌握されることを防げる効果があり，少数株主の権利が守られると共に株主権の強化に繋がるのである[14]。そして，金大中大統領のコーポレートガバナンス改革では，「2000年中に，総資産2兆ウォン以上の大規模上場法人に対して，3名以上に社外取締役を拡大し，2001年以後に取締役の2分の1以上に社外取締役を設けることに拡大する」ことが提案され，2000年1月，証券取引法の改正に伴い，総資産2兆ウォン以上の金融機関及び上場・登録法人を対象として社外取締役制度が導入され，併せて，監査委員会も設置されたのである。

　つまり，金大中大統領のコーポレートガバナンス改革では，社外取締役選任の透明性と社外取締役の独立性の確保を制度的に保障することを目的として，総資産2兆ウォン以上の証券会社と上場・登録法人及び銀行法上の金融機関を対象にして，「社外取締役が総員の半数以上になるように構成された『社外取締役候補推薦委員会』の設置が強制され，この委員会の推薦を受けた候補者の中から，株主総会において社外取締役を選任すべきこととされた」[15]のである。既述のように，韓国では，「支配株主との関係や経営者との親族関係など，当該会社の経営に影響を及ぼす可能性のある者について徹底した排除規定を設けることにより，社外取締役の社外要件を取締役としての独立性に強く求めている」[16]のである。そのため，2011年度の韓国五大財閥の社外取締役数（比率）は，図表Ⅰ-5に示すように，サムスングループ63人（48.46％），現代自動車グルー

(14)　金弘基稿，「韓国の大規模の企業集団とコーポレートガバナンスの問題点と改善方向」『エトランデュテ』在日本法律家協会会報・創刊号（2017年）147ページ。

(15)　日本監査役協会韓国調査団・韓国調査団報告書「韓国のコーポレート・ガバナンス―IMF管理体制後の推移と日本への示唆―」（2002年）7ページ。

(16)　前掲注(15)11ページ。

プ24人（45.28％），SKグループ55人（48.67％），LGグループ39人（51.32％），ロッテグループ26人（50.98％）と日本の上場・大手企業と比べると高く，韓国財閥系列企業における社外取締役の人数は多い。

しかしながら，韓国財閥の社外取締役の実態は，財閥創業家及び財閥総帥と直接利害関係を有する者と学縁関係者が多く，2011年度の韓国五大財閥における財閥創業家及び財閥総帥と利害関係を有する社外取締役数（比率）は，図表Ⅰ-5に示すように，サムスングループ12人，現代自動車グループ8人，SKグループ10人，LGグループ7人，ロッテグループ6人とインフォーマルネットワークの影響が強いのである。

つまり，韓国財閥においては，多数の社外取締役が財閥創業家及び財閥総帥と何らかの利害関係を有する者で占められ，社外取締役候補推薦委員会は形骸化し，必ずしも"社外取締役の独立性"が保たれているとはいえず改善することが求められる。

3．女性取締役の登用と発言力のある機関投資家の活用

韓国社会は，少子高齢化が急速に進行しており，労働人口の約半数を占める女性労働力の活用が求められている。そのため，韓国政府は，女性労働力の活用を目的として，2005年12月に男女雇用平等法を改正し，2006年3月1日から積極的雇用改善措置制度を実施した。そして，これらの韓国政府の施策の結果，韓国統計庁『経済活動人口調査』に拠れば，「1968年から2012年までの男女別労働力率の動向は，男性の労働力率が1968年の79.0％から2012年までに73.3％まで低下しているのに比べて，同期間における女性の労働力率は39.1％から49.9％まで10.8ポイントも上昇している」[17]のである。

しかし，2014年現在，韓国企業における社員のうちに占める女性取締役の割合は，経済協力開発機構（OECD）の調査資料に拠れば0.4％であり，男性取締役（2.4％）の約6分の1に過ぎず，経済協力開発機構加盟国のうちで関係資料の存在する30か国中で最低の数値である[18]。

また，日本経済新聞とQUICK・ファクトセットの協力により調査したところでは，女性取締役が1人以上いる上場企業の比率は韓国が12.8％と，54か国

---

[17] 金明中稿，「韓国における女性の労働市場参加の現状と政府対策―積極的雇用改善措置を中心に」『Special Issue』No. 643（2014年）92ページ。

[18] http://japan.hani.co.kr/arti/economy/23515.html 参照。

中53位であり，例えば，サムスン電子の女性取締役は48人（4.0％）であるが，現代自動車（0.8％），SK イノベーション（3.7％），ポスコ（1.3％），LG 電子（0.6％）の女性取締役数は僅少である[19]。

　現在，国際的に多様性の実現が叫ばれているが，多様性は企業の創造性と生産性を高めると共に，企業統治の面においても重要であると認識できる。

　しかし，韓国における女性取締役登用の消極性は，永年にわたり韓国社会に存続する家父長制度が会社組織においても残滓しているための弊害であり，先進国に比べると著しく遅れていると推測できる。そして，韓国社会における男尊女卑の風潮は，儒教の影響を受けて男系の嫡子により事業承継され創業家支配が行われている韓国財閥において特に顕著に窺える傾向である。

　また，2014年に，チョ・ヒョンア大韓航空副社長（当時）が引き起こした「ナッツ・リターン騒動」と，2018年に，チョ・ヒョンミン大韓航空専務（当時）が引き起こした「パワハラ事件」は，韓国財閥における女性取締役のイメージを低下させ，加えて，韓国初の女性大統領である朴槿恵大統領が生起させた朴政権と韓国財閥における不透明な資金の流れを巡るスキャンダルも女性管理職のイメージを低下させているのである。例えば，大韓航空のチョ・ヒョンミン専務は，同社の広告を担当する広告代理店との打ち合わせの会議中に，水の入ったコップを床に投げ捨てて，声を荒げて怒鳴ったとしてパワハラ疑惑を受けた。そして，このパワハラ疑惑を契機に，創業者一族が海外で購入した物品を会社購入の物品と偽り，輸送費や関税を支払っていないのではないかという疑惑が浮上した。

　しかしながら，韓国財閥において円滑な企業統治を実現するためには，調整感覚やバランス感覚に優れた女性取締役を積極的に登用することが求められる。

　勿論，韓国財閥においても高い評価を受けている女性経営者も存在し，例えば，CJ グループの李美敬（ミキー・リー）は，韓国の映画・音楽産業の育成・成長に貢献し，財閥総帥である弟の李在賢会長の逮捕後に，CJ グループ CEO（最高経営責任者）に就いている。そして，CJ グループの系列下にある CJ エンタテインメントは，リメイク版の展開という経営戦略に基づいて，韓国国内の映画配給の約30％を占めるばかりでなくアジア映画界を代表する存在

---

[19]　日本経済新聞（2018年3月17日）参照。

に成長している[20]。例えば、CJエンタテインメントは、第92回アカデミー賞において、同社が配給した「パラサイト 半地下の家族」でアジア初の作品賞を受賞している。この他、韓国財界を代表する女性経営者としては、新世界グループのイ・ミュンヒ会長（サムスングループ2代目会長の妹）の名前も挙げられる。

また、韓国財閥系企業におけるコーポレートガバナンスの改善においては、機関投資家の役割にも注目したい。韓国財閥系列企業の投資家の多くは、財閥創業家及び財閥総帥の独占的な経営判断に対して発言する機会が少なく利益相反行為を見逃すケースも多く、機関投資家の投資対象が機関投資家の親会社やグループ系列会社、又は、主要顧客である場合に財閥創業家及び財閥総帥の経営陣に対して友好的な意思決定をする可能性が高いのである[21]。例えば、2013年上半期に開催された有価証券市場の公開上場会社の定期株主総会において、僅かに1件でも反対議決権を行使した機関投資家は、全体の23.8%にしか過ぎず、5件以上の案件に反対議決権を行使した機関投資家の多数は独立した外資系資産運用会社であった[22]。

一般的に、株主総会で物議を醸すことも多いため"物言う株主"に対しては円滑な企業経営を損なうという批判的な見解もあるが、韓国のコーポレートガバナンス改革においては、企業経営に多大な影響力を有する機関投資家が発言力の高い株主に変わることを期待したい。

第2項　韓国財閥の優遇税制・減税特恵と租税回避の問題点
1．特定の韓国財閥を対象とした税制改正に伴う優遇税制と減税特恵

韓国では、政権を担当している大統領の政策により、図表Ⅵ-10に示すように、税制改正が行われている。例えば、1977年、清廉な人柄で知られる朴正熙大統領は、李承晩政権時代に形成された特恵財閥の不正蓄財の処理を進めると共に安定した財源の確保を目指し、税金計算書を用いた前段階仕入税額控除方式

---

[20] 米国のハリウッド大手映画会社でリメイクされた映画としては、「イルマーレ」、「猟奇的な彼女」、「親切なクムジャさん」、及び「セブンデイズ」等が挙げられる。

[21] 前掲注(14)153ページ。

[22] カン・ユンシク他稿、「支配構造改善のための機関投資家の役割」『コーポレートガバナンスのレビュー』第74巻（韓国取引所、2014年）5-6ページ。

【図表Ⅵ-10】　歴代大統領の税制改革

の附加価値税（10％）の運営を始めた。

　また，金泳三大統領は，経済の活性化を図るため，サムスン電子や現代自動車等の特定の韓国財閥を意識して，研究開発費や設備投資等の特定項目を控除対象にするという「徴税特例制限法」を導入している。例えば，1995年，金泳三政権は，研究開発費や設備投資等を徴税特例制限法により最大20％の控除対象としたため，サムスン電子や現代自動車等は，徴税特例制限法の適用を受けて法人税の納税額を大幅に減額したのである。つまり，サムスン電子や現代自動車等が永らく国際的競争力を保てたのは，法人税の減額という減税恩恵を受けたからであると推測できる。そして，2009年，李明博大統領は，"ビジネス・フレンドリー"を政策に掲げて，法人税率を25％から22％に引き下げている。

　しかし，サムスン電子や現代自動車等の一部の大財閥だけが減税特恵を受けるという徴税特例制限法に対しては，国外ばかりでなく国内からも大企業優遇税制であるという批判が生まれた。そのため，財閥改革を掲げた朴槿恵大統領が誕生した際には，徴税特例制限法の廃止も検討された。

　また，文在寅大統領は，法人税率の最高税率を20％から25％に引き上げを検討すると共に，システム半導体支援を目的として，非メモリー半導体の設計及び製造技術に係る研究費を徴税特例制限法により最大30％の控除対象としたのである。つまり，文在寅大統領は，韓国財政を支えているサムスングループの経営に配慮しながらも，慢性的な税収不足を改善するために世界的な減税の潮流に逆らいながらも法人税の引き上げを検討しているのである。

　すなわち，歴代韓国大統領は，"政経癒着"と評されるように韓国財閥との

関係が深いため，韓国の国家財政の過半を担っている韓国財閥の存在に配慮しながら税制改革を行ったのである。しかしながら，韓国財閥と中小企業の資産格差が大きく二極化状態になっていると指摘されている韓国経済において，特定の韓国財閥を優遇する税制改革に対しては問題点を指摘できる。そのため，大統領に対しては清廉さが求められると共に，韓国財閥に対してもコーポレートガバナンス改革が求められるのである。

２．韓国財閥のタックス・ヘイブンを活用した租税回避の増加

韓国法人税の税率は，図表Ⅵ-11に示すような数値であるが，先進主要国と比較すると，日本（23.2%），デンマーク（22%），アメリカ（21%），イギリス（19%），ドイツ（15.83%），カナダ（15%）よりも高く設定されており，ハンガリー（9%），スイス（8.5%）のように法人税率10%以下の国も存在する。

【図表Ⅵ-11】　韓国法人税の税率（一般法人・組合法人等のケース）

課税標準	法人税率
2億ウォン以下	課税標準の10%
2億ウォン　超～　200億ウォン以下	課税標準の20%
200億ウォン　超～3,000億ウォン以下	課税標準の22%
3,000億ウォン　超	課税標準の25%

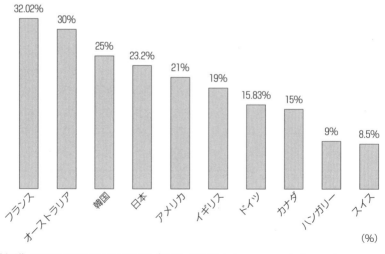

（出所）OECD TAX DATABASE（Table II.1.Statutory corporate income）

そのため，韓国の法人税率の高さについては，国内から国際競争力の観点で批判の声も上がっている。

　また，法人の租税回避とは，治安が安定し交通及び通信設備等の社会インフラが整備されている地域であるタックス・ヘイブン（Tax Haven）を活用して合法的に法人税の負担を削減又は排除する行為のことであるが，SK，ロッテ，サムスン，現代重工業，現代，大林等の韓国財閥は，韓国法人税率よりも税率が低いタックス・ヘイブンを用いて租税回避を行っている[23]。例えば，タックス・ヘイブンとしては，マレーシア，パナマ，バミューダ，英領ケイマン諸島，英領バージン諸島，キプロス，マーシャル諸島等が周知されているが，調査結果に拠れば，「ケイマン諸島（18法人・資産総額2兆6,490億円）やバージン諸島（77法人・資産1兆6,197億ウォン）に集中しており，グループ別には，SKがパナマの52法人をはじめ計63法人を所有し，次いで，ロッテがバージン諸島の9法人を含む計12法人を所有し，現代が6つの持ち株会社と海運会社を所有し，サムスンもパナマにコンサルタント会社等計2法人を所有している」[24]のである。そして，韓国財閥が，新たなタックス・ヘイブンとして注目しているのがラブアン諸島であり，タックス・ヘイブンとして明確に位置づけられないかもしれないが租税回避地としてスイスを活用するケースも現れている。

　本来，租税回避は，許容されない行為であるが，税法上の禁止規定が存在しないならば税法において否認されることはないと解する[25]。また，租税回避の解釈を難しく複雑にしているのは，「租税節約（節税），租税逋脱（脱税）と租税回避（避税）の線引きが全くもって不明瞭であり，しかも国によってこれらの概念や範囲が異なる場合が多いとともに，多くの脱税や租税回避が，タックス・ヘイブンの利用とをからまして識別も算出も難しいトランスファー・プライシング（移転価格操作）を手段として行われているからである」と説明される[26]。しかしながら，税制上の明確な規定がないことをもって韓国財閥及び財閥総帥のタックス・ヘイブンを用いた租税回避行為が容認されることにはなら

[23]　髙沢修一著，『法人税法会計論（第3版）』（森山書店，2017年）161ページ，及び髙沢修一著，『近現代日本の税財政制度』（財経詳報社，2019年）134-135ページ。

[24]　東洋経済日報，「タックス・ヘイブン活用是非で論議」（2013年5月31日）参照。

[25]　清水敬次著，『税法〔新装版〕』（ミネルヴァ書房，2013年）44ページ。

[26]　富岡幸雄著，『検証企業課税論』（中央経済社，2018年）330ページ。

ない。なぜならば，企業活動の視点に立てば，韓国財閥及び財閥総帥には，法人税の納税という社会的責任を果たすことが求められるからである。従来，韓国財閥及び財閥総帥の納税意識の低さは，脱税・不正事件を多発させたが，正しい納税意識を醸成し脱税・不正事件を根絶するためにはコーポレートガバナンス改革が求められるのである。

3．韓国民法における相続人の地位と財閥創業家を巡る相続税問題

　韓国における相続人の第1順位は，韓国民法第1000条に拠れば，日本民法と同様に直系卑属であるが，被相続人の配偶者の相続分は，日本民法と異なり直系卑属の1.5倍になる。例えば，被相続人に配偶者と子供がいた場合，図表Ⅵ-12に示すように相続する。

　また，韓国民法における第1順位以外の相続人の順位は，被相続人の直系尊属（第2位），被相続人の兄弟姉妹（第3位），被相続人の4親等以内の親族（第4位）であり，そして，韓国民法第1003条に拠れば，直系卑属又兄弟姉妹が相続開始前に死亡し，又は欠格者となった場合には，死亡等した者の配偶者及

【図表Ⅵ-12】　韓国民法における第一順位相続人の相続分

家族構成	韓国民法	日本民法
被相続人の配偶者と直系卑属（子）1人	配偶者：1.5（5分の3） 子　　：1.0（5分の2）	配偶者：2分の1 子　　：2分の1
被相続人の配偶者と直系卑属（子）2人	配偶者：1.5（7分の3） 子　　：1.0（7分の2） 子　　：1.0（7分の2）	配偶者：2分の1 子　　：2分の1×2分の1（4分の1） 子　　：2分の1×2分の1（4分の1）

(注) 被相続人の配偶者は，韓国民法第1000条に拠り，相続人がいる場合には共同相続人となる。

〔参考〕韓国民法と日本民法の相続人の比較

相続順位	韓国民法	日本民法
第1順位	直系卑属　※1	配偶者と直系卑属
第2順位	直系尊属　※2	配偶者と直系尊属
第3順位	兄弟姉妹	配偶者と兄弟姉妹
第4順位	4親等以内の傍系血族	―

※1　韓国民法では，配偶者は，直系卑属や直系尊属が存在する場合は共同相続人となり，直系卑属や直系尊属が存在しない場合には単独相続人になる。

※2　韓国民法では，3親等の傍系血族としては，叔父叔母・甥姪が挙げられ，4親等の傍系血族としては，いとこ・祖父母の兄弟姉妹・兄弟姉妹の孫が該当する。

びその直系卑属が代襲相続人になる。

　つまり，韓国民法では「血縁（血脈）」を重んじ，日本民法とは異なり相続人の順位において「第4順位」を設けているのである。

　また，韓国の相続税は，遺産税方式を採用しており，被相続人が相続開始日に韓国国内に住所又は1年以内の居所を置いた者が対象となり，全ての財産が課税対象となる。

　なお，韓国の相続税は，以下のように計算する。

① 課税価格＝相続財産－非課税財産＋みなし相続財産＋推定相続財産＋相続開始10年以内に相続人が贈与を受けた財産＋相続開始5年以内に相続人以外の者が贈与を受けた財産－公課金・債務・葬儀費用

（注1）みなし相続財産とは，保険金・信託財産・退職金等のことである。
（注2）推定相続財産とは，被相続人が相続開始以前1年以内に処分した財産の額が2億ウォン以上，又は相続開始以前2年以内の財産処分額が5億ウォン以上の場合，その用途が明らかでない金額のことである。

② 課税標準＝課税価格－配偶者控除・子供控除・老年者控除－基礎控除

③ 相続税額＝課税標準×税率－税額控除（贈与税額控除・外国納付税額控除・短期再相続に係る税額控除）

課税標準	税率（％）
1億ウォン以下	10％
1億ウォン超　　5億ウォン以下	20％
5億ウォン超　　10億ウォン以下	30％
10億ウォン超　　30億ウォン以下	40％
30億ウォン超	50％

（注）加重税率65％が適用されるケースがある。

〔参考〕日本の相続税率

各取得分の金額	税率（％）	控除額（万円）
1,000万円以下	10	―
3,000万円以下	15	50
5,000万円以下	20	200
1億円以下	30	700
2億円以下	40	1,700
3億円以下	45	2,700
6億円以下	50	4,200
6億円超	55	7,200

　現在，多くの韓国財閥は，高齢化する財閥総帥の事業承継問題に直面している。なぜならば，財閥総帥の高齢化に伴う巨大な相続税額の支払いが経営課題として浮上しているからである。例えば，LGグループは，3代目財閥総帥の具本茂会長から4代目財閥総帥を予定されている具グァンモ常務への事業承継の時期を迎えたが，具本茂会長の所有するグループ持ち株の資産価値は約1兆5,000億ウォン（約1,500億円）と推定されるため，相続税額は約1兆ウォンになる。

　本来であれば，LGグループの事業承継では，最高税率50％の相続税率が適用されるのであるが，企業の経営権を有する筆頭株主が保有株式を相続する株式継承の場合には，「加重税率」の65％が適用されることになり巨大な相続税が発生するのである。

　しかし，財閥創業家を巡る相続税問題は，LGグループだけでなく，サムスングループ，現代グループ，韓進グループ，暁星グループにおいても発生している。そのため，租税回避を図るために資産を海外に移し隠匿する財閥総帥も現れている。例えば，2018年，大韓航空を擁する韓進グループの財閥総帥である故趙亮鎬会長は，韓進グループ創業者の故趙重勲の保有資産を海外に移転させて相続税の申告を回避し約50億円の脱税を行ったとして，特定経済犯罪加重処罰法等における横領背任罪及び詐欺罪に問われて逮捕状が出された。

　一方，韓国大財閥以外の中堅韓国財閥においても，巨大な相続税の負担に耐え切れず，企業の経営権を他社に売却したケースも存在する。例えば，韓国の

種子業界において業界一位の地位を築いた種苗業界第１位のノンウ・バイオは，同社の創業者の死亡に際して，創業家遺族が約1,200億ウォン（約120億円）の相続税の支払い負担に耐え切れず，自社株式を農協経済持株会社に売却している。かつて韓国財閥を代表するサムスングループ，現代自動車グループ，SKグループ等は，系列下の資産管理会社を通じて相続対策を試みたが，遠洋漁業及び食品加工業を展開する思潮グループも，図表Ⅵ-13に示すように，非上場の資産管理会社である思潮システムズを用いて相続対策を行っている。例えば，思潮グループ２代目総帥のチュジヌ会長は，自己の保有する思潮グループの中核会社である思潮産業の株式持分を思潮システムズに売却して思潮システムズの保有とすることにより，財閥後継者であるチュジホンへの相続税の支払いを免れたのである。そして，思潮産業の株式を保有する思潮システムズと思潮インターナショナルを合併することにより，2016年時点で，思潮システムズの思潮産業に対する保有株式は約２％から10倍の約20％にまで跳ね上がり，思潮グループ創業家であるチュ家のグループ支配も強固なものになったのである。なお，思潮は1971年に創業されたが，企業買収を積極的に行うことにより，資産３兆ウォンの中堅財閥として認識されることになる。

　また，事業承継における究極の節税手法とは，相続税の納税額をゼロにする

【図表Ⅵ-13】　思潮グループの支配構造と相続対策

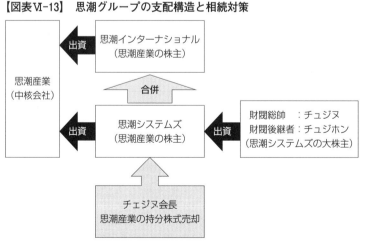

（出所）http://www.hani.co.kr/arti/economy/economy_general/816045.html

ことであり，韓国財閥総帥等の富裕者は相続税が課税されない海外で納税することを目的として，相続税及び贈与税がゼロ％の国へ移住するか資産移転を図るケースが現れている[27]。そのため，韓国国税庁は，「海外金融口座申告制度」を設け，「居住者又は内国法人が保有する海外金融口座の残額が10億ウォンを超過する場合に，当該海外金融口座情報を毎年6月に管轄税務署に申告しなければならない」[28]と定め，行き過ぎた法人税及び相続税の納税回避を目的とした金融資産の海外移転を抑制している。なお，海外金融口座の申告者数と申告金額は，図表Ⅵ-14に示すように増加傾向を示しており，韓国における内国法人及び富裕者による資産の海外移転の多さが窺えるのである。

【図表Ⅵ-14】　海外金融口座申告状況　　　　　　　　　　　単位：百万ウォン

	2014年		2015年		2016年	
	申告者数	申告金額	申告者数	申告金額	申告者数	申告金額
個　人	412	2,658,026	512	4,758,656	570	5,064,252
法　人	414	34,247,012	541	51,325,922	563	56,014,463
計	826	36,905,038	1,035	56,084,578	1,133	61,078,715

（出所）一山　梢稿，「韓国の税務行政の概要」『税大ジャーナル』（国税庁，2018年）14ページ。

　一方，日本においても，平成27（2015）年度税制改正により，「国外転出時課税制度」が創設され，平成27（2015）年7月1日以後に国外転出（国内に住所及び居所を有しないこととなることをいう）をする一定の居住者が1億円以上の対象資産を所有等している場合には，その対象資産の含み益に所得税及び復興特別所得税が課税されることになった。

第3項　韓国財閥の環境問題に対する社会的責任と環境賦課金の限界
1．永豊グループの石浦製錬所に対する行政処分が生起させた社会問題
　韓国は，永豊（ヨンプン）グループが経営する「石浦製錬所」とKOREA ZINCが経営する「温山製錬所」という二大製錬所を有しており，中華人民共和国（以下，「中

---

(27)　髙沢修一稿，「租税競争が生み出す事業承継における問題点の検討」『會計』（森山書店，2012年）84-96ページに詳しい。

(28)　一山　梢稿，「韓国の税務行政の概要」『税大ジャーナル』（国税庁，2018年）14ページ。

国」とする）と並ぶ世界有数（世界第2位）の亜鉛地銀生産国ある。しかし，石浦製錬所は，製錬工場から流出した汚染水により地下水を汚染した疑いにより，2014年に地域住民から貴金属汚染を巡る環境汚染問題で提訴され，2018年3月に，行政処分（20日間の操業停止）を受けた。そして，2018年，慶尚北道奉化郡は，2020年11月末までに亜鉛製錬所の近隣一帯の重金属汚染土壌（約56万m²）の除染を命じたのである。

　当初，石浦製錬所は，中央行政審判委員会に課徴金を支払うことにより行政処分を免れようと試みたが，環境汚染の調査結果（基準値の3万7000倍のカドミウムが地下水から検出された）に基づき石浦製錬所側の申し出は却下された[29]。例えば，韓国の環境政策に基づく行政処分である課徴金制度は，1979年にSOx（硫黄酸化物）環境基準が設定され，1983年に排出賦課金制度が施行されたが環境規制効果は薄く，逆に一定の課徴金を支払った方が，環境汚染抑制のための経費捻出よりも安価であるという風潮を生み出し社会問題化したのである。

2．韓国の環境賦課金と諸外国の環境対策を目的とした税制改正の経緯

　韓国は，1960年代に，"漢江の奇跡"と称される高度経済成長期を迎えるが，韓国政府の指導の下で，経済成長政策が優先されたことに伴い環境汚染が拡大した。そのため，韓国政府は，1988年のソウルオリンピックを契機として，国民の要請に応えるため環境汚染の拡大を防ぐことを目的として「環境賦課金」を課したのである。例えば，総量規制に関する環境賦課金としては，「大気排出賦課金」，「廃水排出賦課金」，「畜産廃水排出賦課金」等の排出賦課金が挙げられる。そして，基本的排出賦課金は，図表Ⅵ-15に示すように，排出許容基準に基づき計測した汚染物質排出量に汚染物質1kgあたりの賦課金額を乗じ，さらに，年度別・地域別・濃度別等の賦課係数を乗じることにより算定された。しかしながら，この排出賦課金の算定式に対しては，「汚染物質排出量に対する賦課が行われているようにみえるが，実は資料採取日にいわば瞬間的に実測された濃度に大きく影響される仕組みである」[30]という問題点が指摘されている。

(29)　独立行政法人石油天然ガス・金属鉱物資源機構編著，「韓国・石浦亜鉛製錬所の環境汚染問題」『カレント・トピックス』No.18-30号参照。

(30)　朴　勝俊稿，「日本と韓国の大気汚染総量管理制度と関連賦課金―韓国の首都圏大気環境改善特別法における排出枠取引に注目して―」『産大法学』41巻3号（京都産業大学法学会，2007年）30ページ。

そして，韓国と日本では，大気汚染総量規制の関連賦課金に関する目的が異なる。例えば，韓国の大気排出賦課金では，排出濃度基準の順守誘導を目的とし，韓国の総量超過賦課金では，総量規制基準の順守誘導を目的とし，さらに，両者とも環境対策財源の確保を目指しているのに対して，日本の公害健康被害者補償法の汚染負荷量賦課金（公健法賦課金）は，公害健康被害者への補償給付のための財源調達を目的としている[31]。

【図表Ⅵ-15】 基本的排出賦課金の算定式

基本的排出賦課金＝排出賦課金排出許容基準に基づき計測した汚染物質排出量×汚染物質1kgあたりの賦課金額×（年度別・地域別・濃度別等の賦課係数）

また，国際的な環境対策を目的とした税制改正としては，図表Ⅵ-16に示すように，「炭素税」や「CO_2税」の導入が挙げられるが，環境税制度の整備は，現代の企業経営で求められている「社会的責任」を実現する役割を担う。例えば，欧州連合（EU）は，国際的に温暖化ガスを削減させることを目的として，環境規制の緩い国からの輸入品を対象として，「国境炭素税（国境炭素調整措置）」の導入も検討し始めている。

一方，中国も韓国と同様に環境汚染が社会問題化している。従来，中国では，1979年に公布された「中華人民共和国環境保護法（試行）」が存在しており，同法が環境汚染の規制に一定の役割を果たしていたことに相違ないが，厳格な罰則規定による規制が不十分であると評されてきた。そのため，中国は，2014年から「環境保護法」，「大気汚染防止法」，「環境影響評価法」，「省エネ法」等の環境汚染防止のための法制度の整備に取り組み，さらに，2016年12月26日に，第12回全国人民代表大会常務委員会第25回会議において「中華人民共和国環境保護税法」（以下，「中国環境保護税法」とする）及び「中華人民共和国環境保護税法実施条例」が可決され，2018年1月1日から施行されたが，中国環境保護税法とは，中国領土内及び中国管轄下の海域における大気汚染，水質汚染物，固形廃棄物，騒音を対象として，課税対象となる汚染物質を直接排出した企業及び家業事業者に対して「課徴金」を課す法制度のことである。

---

(31) 同上 26ページ。

【図表Ⅵ-16】 諸外国における環境対策を目的とした税制改正の経緯

年	国	税
1990年	フィンランド	炭素税（Carbon tax）導入
1991年	スウェーデン	CO_2税（CO_2 tax）導入
	ノルウェー	CO_2税（CO_2 tax）導入
1992年	気候変動枠組条約採択【1994年3月発効】，6月地球サミット（リオデジャネイロ）	
1992年	デンマーク	CO_2税（CO_2 tax）導入
	オランダ	一般燃料税（General fuel tax）導入
1996年	オランダ	規制エネルギー税（Regulatory energy tax）導入
	スロベキア	CO_2税（CO_2 tax）導入
1997年	京都議定書採択【2005年2月発効】	
1999年	ドイツ	電気税（Electricity tax）導入
	イタリア	鉱油税（Excises on mineral oils）の改正（石炭等を追加）
2000年	エストニア	炭素税（Carbon tax）導入
2001年	イギリス	気候変動税（Climate change levy）導入
〈参考〉	2003年10月　「エネルギー製品と電力に対する課税に関する枠組み EC 指令」交付【2004年1月発効】：各国はエネルギー製品及び電力に対して最低税率を上回る税率を設定	
2004年	オランダ	一般燃料税を既存のエネルギー税制に統合（石炭についてのみ燃料税として存続〈Tax on coal〉）規制エネルギー税をエネルギー税（Energy tax）に改組
	ラトビア	炭素税（Carbon tax）導入
2005年	EU	EU 域内排出量取引制度（EU-ETS）開始
2006年	ドイツ	鉱油税をエネルギー税（Energy tax）に改組（石炭を追加）
2007年	フランス	石炭税（Coal tax）導入
2008年	スイス	CO_2税（CO_2 tax）導入
	カナダ（ブリティッシュコロンビア州）	炭素税（Carbon tax）導入
2010年	アイルランド	炭素税（Carbon tax）導入
	アイスランド	炭素税（Carbon tax）導入
2014年	フランス	炭素税（Carbon tax）導入
	メキシコ	炭素税（Carbon tax）導入
2015年	ポルトガル	炭素税（Carbon tax）導入

2017年	チリ	炭素税（Carbon tax）導入
	カナダ（アルバータ州）	炭素税（Carbon tax）導入
	コロンビア	炭素税（Carbon tax）導入
2018年	南アフリカ	炭素税（Carbon tax）導入
	カナダ	2018年まで国内全ての州及び準州に炭素税（Carbon tax）または排出量取引制度（C&T）の導入を義務付け
2019年	シンガポール	炭素税（Carbon tax）導入予定

（出所）環境省ホームページ「諸外国における炭素税等の導入状況」『国内外の税制のグリーン化の状況』（2017年・2018年）。

　また，日本においても環境政策の視点から，「地球温暖化対策のための税の導入」が検討されてきた。例えば，日本では，再生可能エネルギーの導入や省エネ対策を始めとする地球温暖化対策を強化するため，2012年10月1日に「地球温暖化対策のための税」が施行され，2016年4月1日に導入当初に予定されていた最終税率への引き上げが完了し，2012年に391億円，2016年に2,623億円の税収入が計上されている[32]。

　勿論，中国や日本と同じように考えることはできないが，韓国においても環境保護に関する本格的な税制度の整備が求められるのである。

---

[32]　環境省ホームページ「環境産業の市場規模・雇用規模等に関する報告書の公表について」参照。

補足資料①　OECD諸国における所得・消費・資産課税等の税収構成比の国際比較（国税＋地方税）

所得課税合計（36か国中11位）

国	割合
アメリカ	63.2%
デンマーク	62.8%
スイス	61.5%
オーストラリア	61.5%
カナダ	57.2%
ニュージーランド	56.1%
ノルウェー	55.6%
アイルランド	52.3%
ベルギー	51.8%
ルクセンブルク	51.6%
日本	51.5%
ドイツ	51.3%
イギリス	51.1%
メキシコ	49.1%
スウェーデン	48.8%
スペイン	46.6%
イタリア	45.8%
オランダ	44.0%
フランス	44.0%
オーストリア	42.9%
韓国	42.8%
ポルトガル	42.3%
チェコ	39.2%
スロバキア	38.3%
スロベニア	37.8%
ラトビア	36.9%
フィンランド	36.5%
アイスランド	36.4%
エストニア	36.1%
チリ	33.3%
ギリシャ	32.8%
ポーランド	32.3%
リトアニア	32.3%
トルコ	31.1%
ハンガリー	29.7%
ルクセンブルク	28.9%
OECD諸国平均	**44.2%**

個人所得課税（36か国中18位）

国	割合
デンマーク	56.6%
アメリカ	53.1%
スイス	45.1%
カナダ	43.5%
ドイツ	42.7%
フィンランド	41.7%
オーストラリア	40.8%
ノルウェー	40.2%
ニュージーランド	39.1%
スウェーデン	38.5%
イギリス	38.3%
アイルランド	38.0%
メキシコ	38.0%
ルクセンブルク	34.5%
スペイン	34.0%
イタリア	33.8%
日本	32.4%
ベルギー	31.2%
アイスランド	30.7%
オーストリア	29.9%
フランス	29.8%
スロベニア	28.6%
チェコ	27.0%
ポルトガル	25.8%
エストニア	25.2%
韓国	24.2%
スロバキア	23.8%
ギリシャ	23.4%
ポーランド	23.1%
ラトビア	23.0%
リトアニア	20.6%
トルコ	20.0%
ハンガリー	19.6%
チリ	10.7%
OECD諸国平均	**31.9%**

法人所得課税（36か国中3位）

国	割合
チリ	25.5%
メキシコ	24.9%
日本	20.1%
スロバキア	19.7%
チェコ	19.2%
韓国	18.5%
ルクセンブルク	17.0%
ニュージーランド	16.5%
オーストラリア	16.5%
スイス	16.4%
イスラエル	14.3%
ノルウェー	14.1%
アイルランド	13.9%
ポルトガル	12.6%
カナダ	12.6%
ポーランド	12.1%
スペイン	11.4%
オランダ	10.3%
イギリス	10.2%
アメリカ	10.0%
ギリシャ	9.8%
トルコ	9.3%
オーストリア	9.1%
ベルギー	9.0%
ポルトガル	8.9%
オーストリア	8.8%
ドイツ	8.4%
スウェーデン	8.0%
ラトビア	7.7%
エストニア	7.6%
アイスランド	7.5%
スロベニア	7.3%
フィンランド	7.1%
デンマーク	6.2%
ハンガリー	7.7%
ラトビア	9.3%
OECD諸国平均	**12.4%**

消費課税（36か国中30位）

国	割合
リトアニア	67.2%
スロベニア	65.8%
エストニア	65.5%
ハンガリー	63.9%
トルコ	61.3%
ポルトガル	59.7%
チリ	59.4%
ギリシャ	58.8%
ラトビア	58.6%
スロバキア	58.6%
チェコ	55.8%
イスラエル	54.3%
フィンランド	49.2%
アイスランド	46.5%
スペイン	45.6%
イタリア	45.3%
メキシコ	44.5%
スウェーデン	44.1%
イギリス	43.7%
オーストリア	43.2%
ノルウェー	40.7%
イタリア	40.7%
アイルランド	39.8%
ニュージーランド	38.9%
ニュージーランド	38.3%
韓国	38.1%
ベルギー	36.8%
スウェーデン	36.7%
ルクセンブルク	35.3%
日本	34.3%
デンマーク	32.5%
スイス	28.2%
カナダ	27.3%
オーストラリア	27.1%
アイスランド	25.1%
アメリカ	22.3%
OECD諸国平均	**45.4%**

資産課税等（36か国中10位）

国	割合
イギリス	38.5%
フランス	24.2%
韓国	19.6%
イスラエル	16.8%
アメリカ	16.8%
カナダ	16.6%
オーストラリア	15.7%
イタリア	15.6%
ベルギー	14.6%
日本	14.4%
ルクセンブルク	13.5%
ギリシャ	13.4%
スイス	13.2%
スペイン	11.6%
アイルランド	11.6%
オランダ	11.4%
ニュージーランド	10.3%
チリ	9.0%
ポーランド	8.0%
ポルトガル	8.0%
ハンガリー	7.2%
デンマーク	6.8%
フィンランド	6.6%
アイスランド	6.4%
ドイツ	6.1%
ノルウェー	5.1%
トルコ	4.8%
スウェーデン	4.8%
フィンランド	4.7%
ラトビア	4.7%
スロベニア	4.5%
チェコ	3.1%
スロバキア	2.6%
オーストリア	2.3%
エストニア	1.9%
リトアニア	1.2%
OECD諸国平均	**10.4%**

（出所）財務省ホームページ。

補足資料②　諸外国における付加価値税の標準税率の推移

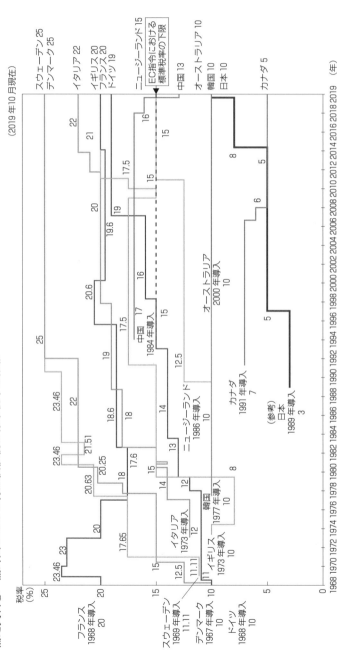

(2019年10月現在)

(注1) 中国においては、1984年の導入時には語目により適用税率が異なっていたが（6〜16%）、1994年に原則として17%の税率が適用されることとなった。

(注2) EUにおいては、1992年のEC指令の改正により、1993年以降付加価値税の標準税率を15%以上とすることが決められている。

(注3) 日本の消費税率は地方消費税を含む。

(出所) 財務省ホームページ。

第Ⅶ章
韓国財閥のファミリービジネスに対する提言

第1節　韓国財閥のファミリービジネスの特徴と経営課題

第1項　日韓企業の類似性とコーポレートガバナンスの必要性

　現在，韓国国内の経済状態は厳しい状態にあるが，韓国経済において重要な位置を占めているのが韓国GDP（国内総生産）の4分の3を占める「韓国財閥」の存在であり，韓国企業のグルーバル化の象徴でもある四大財閥（サムスン・現代自動車・LG・SK）でGDPの約60％を担っている。そして，韓国財閥では，ファミリービジネスが企業経営の主体を担っている。そして，ファミリービジネスが企業経営の主体となっている点において日韓企業の企業経営における同質性が窺え，そのため，韓国の財閥支配の実態を分析することは今後の日本企業の方向性の示唆となりえるのである。例えば，日本の上場企業数は，経済産業政策局企業会計室の調査に拠れば，2013年12月末時点で，東京証券取引所（第一部）1,782社，東京証券取引所（第二部）559社，東京証券取引所（マザーズ・ジャスダック）1,070社，その他（札幌取引所・名古屋取引所・福岡取引所）485社の総計3,547社であり，そして，平成2000年3月期における全上場企業2,515社の分析調査に拠れば，日本の経営実態は，創業者又は創業家一族が上場企業の最大株主として経営トップを担っている割合が約40％と高い数値を示しており，韓国財閥の経営実態と類似している。

　また，韓国財閥がファミリービジネスであると評される所以は，創業家出身の経営者が自己の利益確保を目的としてインフォーマル・ネットワークを用いた経営手法を導入していることにある。同様に，日本の上場会社（中小企業も含む）においても，創業家支配によるファミリービジネスが展開されているのである。つまり，日韓企業のファミリービジネスは，図表Ⅶ-1に示すように，創業者及び創業家が企業経営を支配している点において企業形態上の同質性を窺えるのである。

【図表Ⅶ-1】韓国の財閥企業と日本の創業家支配の上場会社の類似性

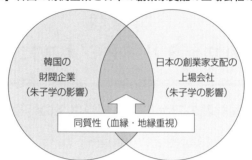

　勿論，日韓企業のファミリービジネスは，必ずしも全ての面で一致している
わけではないが，図表Ⅶ-2に示すように，コーポレートガバナンスの確立とい
う共通の経営課題を抱えている。

　但し，韓国財閥においても，健全な企業会計を実施し法人税の納税を遵守す
ると共に，利害関係者の支持を得られるような企業経営や事業承継を行ってい
る企業は，厳しい経営環境下であっても成長し続け，逆に，粉飾・不正会計等
の不祥事を起こしている財閥企業は，経営破綻し韓国経済に大きな打撃を与え
ているが，この事実は，企業経営におけるコーポレートガバナンスの重要性を
示唆している。実際に，コーポレートガバナンスの重要性は，日韓両国におい
て認識されており，例えば，日本では，2014年に会社法が改正された。そして，
コーポレートガバナンスが有効に機能するためには，"社外取締役の独立性"
を確保することが求められるが，この社外取締役の独立性については日本だけ
ではなく米国や韓国においても認識されている。例えば，米国のニューヨーク
証券取引所において社外取締役の独立性に関する規定が厳格化されたが，1998
年，金大中大統領により提唱された韓国のコーポレートガバナンス改革にお
いても理事（取締役）総数の４分の１以上を社外理事（社外取締役）として選
任することが決定された。

【図表Ⅶ-2】韓国の財閥企業と日本の創業家支配の上場会社の経営課題

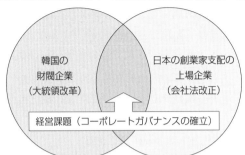

　　つまり，韓国の財閥企業と日本の創業家支配の上場会社における同質性と経営課題には共通点が窺えるのであるが，この共通点の社会的背景としては，図表Ⅶ-3に示すように，韓国の「イエ」制度と日本の「家」制度の存在が挙げられる。例えば，韓国社会の政治・経済・文化に影響を与えているのは，儒教（特に，朱子学）の影響を受けた「イエ」の概念であり，韓国財閥のファミリービジネスとは「イエ」の延長上の概念として存在しているのに対して，日本社会の政治・経済・文化も，幕藩体制下で儒教（特に，朱子学）の影響を受けて確立された身分制度に基づく明治期の「家」を根幹として成立しているのである。

【図表Ⅶ-3】韓国の財閥企業と日本の創業家支配の上場会社の社会的背景

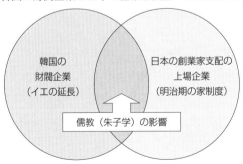

第2項　韓国財閥に求められる政経癒着問題解消の必要性

　一般的に，韓国財閥のファミリービジネスを形成するインフォーマル・ネットワークとしては血縁，婚縁（婚脈），学縁（学閥），地縁が挙げられることが多く，韓国財閥は，インフォーマル・ネットワークを用いて大統領との強固な人脈を構築し，大統領からの政治的支援を得て事業規模を伸長させたのである。つまり，外需依存型の経済構造下において韓国財閥の経済支配が伸長する過程で，韓国財閥と大統領の行き過ぎた人的結合の強さが，図表Ⅶ-4に示すような「政経癒着問題」を発生させたと推測できる。

　但し，韓国経済を主導した韓国財閥のファミリービジネスに対しては，トップダウン型のリーダーシップが，オーナー経営者の意思決定を迅速にマネジメントに反映させると共に，成長性の期待できる新分野に積極的に投資できる点で優れており韓国経済の発展に寄与したとも評される。一方で，創業者及び創業家が企業経営を支配しているというファミリービジネスの企業形態は，韓国財閥における粉飾決算及び不正会計の温床となっているのも事実であり，韓国財閥の創業家における相続争いや事業承継の失敗は日本の企業経営の示唆となりえるのである。

　実際，韓国財閥のファミリービジネスに対しては，様々な金融支援（追加融資・金利減免）や税制支援（血税である税金の投入）が投じられており，本来ならば倒産すべき企業がゾンビ化し再生している。そして，このような企業経営に対する国家の過度な介入は，企業の再生力や自助力を喪失させると共に国

【図表Ⅶ-4】韓国財閥のインフォーマル・ネットワークと政経癒着問題

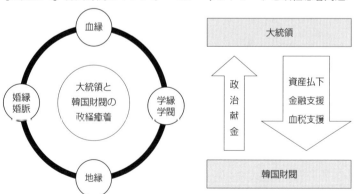

際的信用力を低下させる可能性を有する。そのため，韓国経済が再生し，韓国企業のグローバル化を進展させるためには，韓国政府の介入を抑制し特定の韓国財閥への依存傾向が強い財政体質から脱却することを提言したい。

第2節　東アジア儒教文化圏の構造と不正会計の発生

第1項　韓国財閥のファミリービジネスと日本的経営の比較

　韓国では，欧米から韓国国内に移植された「企業」が，図表Ⅶ-5及び図表Ⅶ-6に示すように，「イエ」と，それが拡大解釈された「国家」の中間に位置しており，換言すれば，「イエ」の延長上に家族（血族集団）の運命共同体として企業が存在しているのである[1]。

　一方，近代経営における日本的経営の始祖が渋沢栄一であることは衆目の一致するところだが，渋沢の経営理念は，儒教思想の根幹を成す「中庸」及び「徳治」に基づく経営哲学を実践することにある。つまり，中庸・徳治の精神に基づく日本的経営は，江戸期以来，国内で育まれた御恩（慈愛）と奉公（忠義）を前提とする公私関係に合致したものであるため，日本財界が受け入れやすい経営システム（縦型の労使関係）であった。

【図表Ⅶ-5】　韓国財閥のファミリービジネスの概念

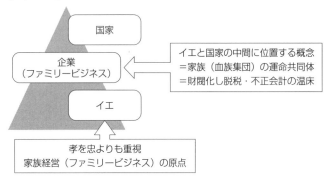

(1)　金日坤著，『東アジアの経済発展と儒教文化』（大州館書店，1992年）77・156-157頁。

【図表Ⅶ-6】　韓国財閥と日本企業の比較

項目	韓国財閥の特徴	日本企業の特徴
経営思想の背景	韓国財閥の経営手法は，儒教，特に，朱子学の影響が強い。	日本的経営は，朱子学の影響を受けている。
ファミリービジネス	韓国財閥では，創業家支配の家族経営が行われている。	日本企業では，上場企業の4割が創業家に支配されている。
インフォーマル・ネットワーク	韓国財閥では，婚縁（婚脈）・血縁・学縁・地縁が強い。	日本企業では，韓国財閥ほどではないが学閥等が存在する。
グループ内の株式支配	韓国財閥では，循環出資により系列企業を支配する。	日本企業では，グループ内での株式の持ち合いが存在する。
財界と政治家の関係	韓国財閥は，大統領との政経癒着問題を批判されている。	日本企業は，韓国財閥よりも政経癒着問題が少ない。
ダイバーシティー	韓国財閥では，女性登用が消極的である。	日本企業では，韓国財閥よりも女性登用に積極的である。

（出所）髙沢修一報告，「東アジアの儒教的経営と不正会計」日本租税理論学会（愛知大学，2019年）。

第2項　ファミリービジネスが生じさせる不正会計の検証

　一般的に，ファミリービジネスと云えば，韓国財閥の企業経営のことを指すことが多いが，韓国財閥では，儒教思想に基づく，「孝」の範疇下で「家族＝（イエ）」の概念が育成され，血縁，婚縁（婚脈），学縁（学閥），地縁という「縁」を重視したファミリービジネスが発展したのである。

　一方，日本的経営は，朱子学の考え方を前提とする経営システムのことであり，士族階級における“君主（主君）への忠義”は，企業経営における“上司（上長）への忠誠”との類似性が強く，「上下定分の理」を有している。

　すなわち，儒教の思想的影響下にある日韓両国では，図表Ⅶ-7に示すように，「縁」に基づく企業経営（韓国財閥）と「忠」に基づく企業経営（日本企業）が行われているのである。

【図表Ⅶ-7】東アジアの儒教文化圏の不正会計

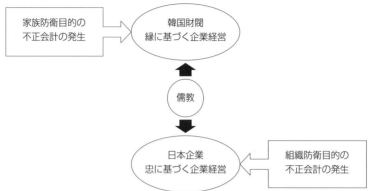

（出所）髙沢修一報告，「東アジアの儒教的経営と不正会計」日本租税理論学会
　　　　（愛知大学，2019年）。

　また，韓国財閥では，不正会計が多発しているが，会計監査上の分類におい
て，「不正会計」と「不適切な会計」は混同されがちであるが，不正会計に関し
て明確な定義は存在しない。例えば，Dechow and Skinner は，「GAAP
（Generally Accepted Accounting Principles）の範囲を逸脱するような経営者
の財務上の選択を不正会計とする」[2]と定義づけている。そして，米国公認会計
士協会（AICPA：American Institute of Certified Public Accountants）が公
表した監査基準（SAS：Statement on Auditing Standards）第99号「財務諸
表監査における不正の検討：AICPA」（2002）は，「不正会計とは，決算書の記
入に際して意図的な操作や行動を行うことである」と定義する。
　つまり，不正会計は，「粉飾決算のように財務情報の入手や財務諸表の作成
において意図的な（故意の）誤りがあった会計処理のこと」であり，会計処理
上の誤謬である不適切な会計とは異なるのである。韓国財閥における不正会計
の代表的な事例としては，サムスングループの会計操作が挙げられる。例えば，
2015年，サムスングループのサムスンバイオロジクスは，図表Ⅶ-8に示すよう
に，子会社（サムスンバイオエピス）を関連会社に変更し同社を連結対象から

---

(2)　Dechow, P. M. and D. J. Shinner., (2000), Earnings management::Reconciling the Views ofAccounting Academics, Practitioners. and Regulators, *Accounting Horizons* 14-, 2. pp. 235-250.

除外し，サムスンバイオエピスの株式を3,300億ウォンから4兆8,000億ウォン
に評価替えしたが，本件では，会計基準の変更における妥当性（正当性）が問
われたのである。本件について，韓国証券先物取引委員会は，「会計基準の変
更に妥当性（正当性）が乏しく意図的である」と判断し，"故意の粉飾会計"と
して，韓国金融監督院の要求を受け入れて同社を検察に告訴した。なぜならば，
本件では，グループ会社の会計基準を操作することにより，サムスングループ
の事業承継の手段として用いられた可能性を有するからである。

【図表Ⅶ-8】韓国財閥の不適切な会計と不正会計

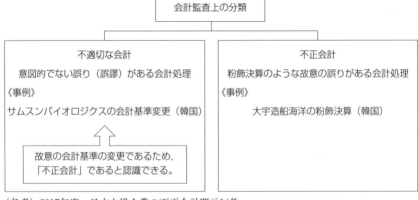

（参考）2017年度・日本上場企業の不正会計開示14件。

　すなわち，サムスングループは，図表Ⅶ-9に示すように，サムスングループ
2代目総帥の李健熙（イ ゴン ヒ）から3代目総帥の李在鎔（イ ジェ ヨン）への事業承継を行うに際して，創
業家がサムスングループの旗艦（中核）会社である「サムスン電子」の経営権
を握ることを目的として，創業家の資産管理会社である「第一毛織」と「サム
スン物産」の合併を画策した。具体的には，サムスングループ創業家は，「第一
毛織」と「サムスン物産」の合併を行うときに，サムスングループ創業家の資
産管理会社である「第一毛織」の資産価値を高めるために合併比率を操作した
のである。なぜならば，第一毛織の子会社であるサムスンバイオロジクスの株
価を上昇させれば，結果的に，第一毛織の資産価値も高まることになるからで
ある。しかしながら，永年，欠損会社であった「サムスンバイオロジクス」の
資産価値が，明確な業績の裏付けがないにもかかわらず評価替えで膨張したこ

とは，「会計基準の変更に正当性がなく故意の粉飾決算である」と批判された。

　つまり，サムスンバイオロジクスの会計基準の変更には，韓国財閥の事業承継問題も絡んでおり，創業家支配という韓国財閥のファミリービジネスの悪弊が現れた事例である。よって，不正会計を防止するためには，儒教の神髄である中膺・徳治の精神に基づく企業経営を実現することを提案したい。

【図表Ⅶ-9】サムスングループの不正会計

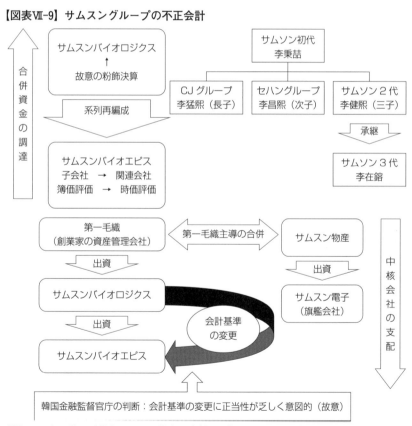

（注）2015年，第一毛織とサムスン物産が合併し，「サムスンC&T」が誕生する。
（出所）髙沢修一報告，「東アジアの儒教的経営と不正会計」日本租税理論学会（愛知大学，2019年）。

第3節　韓国財閥における脱税・不正会計事件と外部監査制度導入の必要性

第1項　韓国財閥に求められるガバナンス制度の整備と不正経営抑止策

１．韓国財閥総帥の特赦・釈放と韓国財閥に対するガバナンス機能の不全

　韓国財閥は，財閥総帥が脱税や粉飾決算等の不祥事を多発させており国民から社会的批判を受けているのにもかかわらず，財閥総帥は，図表Ⅶ-10に示すように，刑事告訴後に短期間で社会復帰を果たしている。実際のところ，韓国財閥の総帥には，公的資金の私的使用及び不正会計に対する倫理観が希薄であり，事業展開のためであればビジネス慣習としての賄賂の収受についても寛容である。そして，財閥総帥が早期に財界復帰できている理由としては，政治家と官僚を組み込んだ「婚縁（婚脈）」を効果的に活用していることが挙げられる。つまり，韓国財閥は，単なるビジネス上の利点だけでなく，予め経済犯罪による刑事告訴の発生を想定して婚縁（婚脈）を構築し，創業家によるファミリービジネスの基盤を強固なものにしていると推測できる。

　また，行き過ぎた韓国財閥のファミリービジネスを規制するためにもコーポレートガバナンスの確立が求められる。例えば，韓国のコーポレートガバナン

【図表Ⅶ-10】韓国財閥のインフォーマル・ネットワークと政経癒着問題

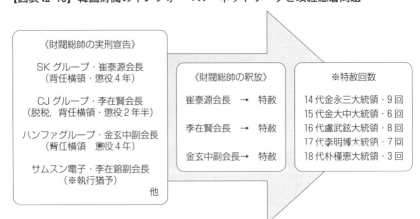

スは,「外部ガバナンス」と「内部ガバナンス」の二つの側面を有しているが,外部ガバナンスの視点に立てば, 1970年代の韓国は日本や米国に比べて金融機関が未成熟であり資本市場も未整備であったため外部ガイダンスが機能しているとはいえなかった。つまり, 資本経済下において, 米国では, 金融機関を中心とする資本市場が企業経営を監視し, 日本では, 企業と恒常的に安定した取引関係を有している金融機関（メインバンク）が企業経営を監視することにより外部ガバナンスが機能しているのに対して, 韓国では, 資本市場の担い手である金融機関自体が政策金融の橋渡し的存在にしかすぎなかったため, 外部ガバナンスの役割を果たすことができなかったのである。その後, 韓国においても金融機関（メインバンク）の成長に伴い資本市場が形成されるが, 外部監視機能が強化され大統領と政治家を巻き込んだ韓国財閥総帥を巡る不透明な企業経営が是正されることはなかった。

2．不正経営防止のための金英蘭法制定の意義と問題点

　韓国社会では, 血縁, 婚縁（婚脈）, 学縁（学閥）, 地縁等のインフォーマル・ネットワークが, 政治活動やビジネスにおいて重要な役割を担っている。そのため, これらのインフォーマル・ネットワークを有しない者は, 新たな「縁」を結ぶため, 図表Ⅶ-11に示すように, 積極的に供応接待・贈答が行われている。

　つまり, 韓国社会では, ビジネス慣習として, 供応接待・贈答が習慣的に行われており必ずしも稀な出来事ではないのである。例えば, 韓国では, 韓国財閥総帥の不透明な企業経営に対する批判が多く, 富める者（特定財閥）と富めない者（中小企業）との間の経済的な格差と, 財閥が生起する不正会計と脱税

【図表Ⅶ-11】韓国社会のビジネス慣習

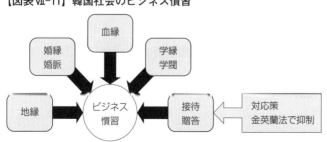

も社会問題化し刑事告訴される財閥総帥も現れ，その対応策として，韓国では，政治家及び公務員と韓国財閥との癒着を防ぐことを目的として，「金英蘭法」が制定されたのである。

この金英蘭法は，2012年に，金英蘭国民権益委員会委員長が提案し，2015年3月に国会で可決された法案であり，寸志・供応接待・贈答等が多い職種であると認められた，公務員，私立学校教職員，及び報道関係者等の「公職者等」が法規制の対象とされた。つまり，金英蘭法では，公務員，私立学校教職員，及び報道関係者を「公職者等」と位置づけ，公職者等と配偶者に対する利益供与を制限することを目的として公職者等に対する接待行為の金額に上限が設けられており，職務と関係がある場合，1回の食事3万ウォン，贈答物5万ウォン，及び慶弔費10万ウォンを上限とし，職務と関係がない場合，公職者等に対する提供額が100万ウォン（約9万2千円）を超えたならば，3年以下の懲役又は3千ウォン以下の罰金が科せられる。

しかし，金英蘭法は，韓国社会に「公益申告」という新たな問題点を生み出すと共に，消費経済を冷え込ませるという経済的損失も生じさせた。そのため，大韓記者協会と私立学校教職員は，「金英蘭法は，言論の自由と教育の自由を侵害するものであるとして違憲訴訟を提訴した」のであるが，2016年7月28日，韓国憲法裁判所は，「報道と教育の両分野が社会に及ぼす影響力は大きく，両分野の腐敗防止を目的とすることは他分野への波及効果も期待できるため，金英蘭法は合憲である」と判決した。

すなわち，韓国では，政治家及び公務員と韓国財閥及び韓国企業との癒着を防ぐことを目的として，金英蘭法を制定したが，韓国財閥に対する国民の信頼を高めるためには，金英蘭法のような罰則規定も設けることも有効であるが，それよりも韓国財閥のなかに「企業の社会的責任」という思考を醸成することを提言したい。

第2項　韓国財閥における循環出資の存在とファミリービジネスからの脱却

1．循環出資が生み出した創業家による財閥グループ支配構造の解消

循環出資とは，図表Ⅶ-12に示すように，「財閥グループ内の主要な傘下企業が順送りに株式を保有することにより，創業家が少ない持ち株でグループを支

【図表Ⅶ-12】韓国財閥の循環出資（サムスングループのケース）

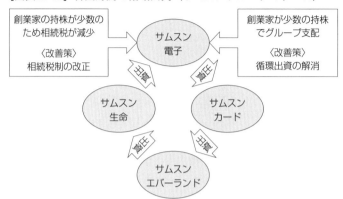

配すると共に，次世代の相続時の税負担を軽減するシステムのことである」が，循環出資が生起した韓国の財閥企業特有のファミリービジネスが，韓国経済の発展を妨げたのも事実である。そのため，韓国では，創業家の大株主による経営支配の排除と，一般株主の権利保護に伴う少数株主の権限強化を目的としてコーポレートガバナンス改革を断行したのである。なぜならば，韓国財閥における脱税や不正会計等の社会問題を生起させている理由の一つとして，主要な系列企業が順送りに株式を所有するという韓国財閥の特異な資本構造システムである循環出資を挙げることができるからである。

　つまり，創業家の持ち株とグループ系列企業の持ち株を合わせると内部所有比率が著しく高くなり，循環出資は，企業統治を不透明にして健全な企業経営を妨げると共に韓国社会の経済格差を助長させていると評される。加えて，韓国財閥では，商法上の規定に基づいて選任されていない財閥総帥の権限が極めて強く，財閥総帥直轄の司令部署（会長秘書室等）で財閥総帥及び創業家の独占的な意思決定が尊重されているが，韓国財閥を対象とする「内部ガバナンス」機能は不十分な状態であり，内部ガバナンスの不備が韓国財閥を巡る脱税・不正事件を頻発させている。そのため，韓国財閥における不正経営及び不正会計を防ぐためには，グループ内の「循環出資」を改善することを提言したい。

２．韓国大統領のコーポレートガバナンス改革と社外取締役の独立性の意義

金大中大統領のコーポレートガバナンス改革では，２人以上の取締役を選

任する場合に，各株主に１株ごとに選任する取締役の数と同じ数の議決権を付与し，その議決権を取締役候補者１人または数人に集中して投票する方法である「集中投票制」の導入が提唱された。そして，「2000年中に，総資産２兆ウォン以上の大規模上場法人に対して，３名以上の社外取締役を置くことに拡大し，2001年以後に取締役の２分の１以上の社外取締役を設ける」ことも提案された。そして，社外取締役選任の透明性と社外取締役の独立性の確保を制度的に保障することを目的として，総資産２兆ウォン以上の証券会社と上場・登録法人及び銀行法上の金融機関に対して，「社外取締役候補推薦委員会」の設置が強制され，株主総会において社外取締役を選任する場合には，「社外取締役候補推薦委員会」からの推薦が求められることになったのである。

　つまり，コーポレートガバナンス改革は，社外取締役の社外要件として“独立性”を強く求めたのであるが，韓国財閥の社外取締役の実態は，図表Ⅶ-13に示すように，血縁（財閥創業家及び財閥総帥と直接利害関係を有する者）と学縁（学閥）関係者が多く，約20％から30％の社外取締役が財閥創業家及び財閥総帥と何らかの利害関係を有する者で占められたため「社外取締役候補推薦委員会」が形骸化し，必ずしも“社外取締役の独立性”が保たれているとはいえない状態にあるため改善することが求められる。加えて，韓国における社外取締役の本業の職業は，経営者（約50％），大学教授（約20％），弁護士（約10％），その他（20％）であり，人材の確保に偏りが窺えるが，この傾向は日本の社外取締役の選定にも窺える。

　また，韓国財閥系列企業の投資家の多くは，創業家及び財閥総帥の独占的な経営判断に対して発言する機会が少なく利益相反行為を見逃すケースがあるばかりでなく，機関投資家の投資対象が機関投資家の親会社やグループ系列会社，

【図表Ⅶ-13】韓国財閥における社外取締役の実態

又は，主要顧客である場合には創業家及び財閥総帥の経営陣に対して友好的な
意思決定をする可能性が高い。そのため，株主総会で物議を醸すことも多い存
在である"物言う株主"に対しては円滑な企業経営を損なうという批判的な見
解も多いが，韓国のコーポレートガバナンス改革においては，企業経営に大き
な影響力を有する機関投資家が発言力の高い株主（アクティビスト）に変わる
ことを期待したい。

3．ダイバーシティ経営の実現のための女性役員と女性管理職の重要性

　韓国社会は，少子高齢化が急速に進行しており労働人口の約半数を占める女
性労働力の活用が求められている。そのため，韓国政府は，女性労働力の活用
を目的として2005年12月に男女雇用平等法を改正し，2006年3月1日から積極
的雇用改善措置制度を実施した。

　しかし，2014年時点の韓国企業における社員のうちに占める女性役員の割合
は，経済協力開発機構（OECD）の調査資料に拠れば0.4％であり，男性役員
（2.4％）の約6分の1に過ぎず，経済協力開発機構加盟国のうちで関係資料の
存在する30か国中で最低の数値であり，そして，日本経済新聞とQUICK・フ
ァクトセットの調査に拠れば，女性取締役が1人以上いる上場企業の比率は韓
国が12.8％と54か国中53位であった。そして，韓国における「女性管理職」の
比率は，日本やアメリカ，スウェーデン，イギリス，フランス，ドイツ，イタ
リア等の先進諸国よりも少ないばかりでなく，フィリピン，オーストラリア，
シンガポール，マレーシア等のアジア諸国と比べても少ない。

　現在，韓国財閥は，海外市場の獲得を目指してベトナム等のASEANやイン
ドに積極的に進出しグルーバル化を加速させているが，今後，韓国財閥が，海
外の事業活動を活性化させるためには，図表Ⅶ-14に示すように，伝統的な

【図表Ⅶ-14】韓国財閥に求められる女性労働力の活用

「イエ」制度を継承した「ファミリービジネス」から脱却し，国際的潮流である「ダイバーシティ」を意識して多文化共生を図ることが求められる。なぜならば，女性取締役や女性管理職を多数登用して多様化を図ることは，職場環境を大きく変化させ企業の創造性を醸成し生産性を高めることになるからである。そのため，韓国財閥が韓国経済の伸長に寄与するためには，「女性登用」の機会を増やすことを提言したい。

引用及び参考文献

書籍

井上隆一郎著, 『アジアの企業と財閥』（日本経済新聞社, 1994年）

李海珠著, 『東アジア時代の韓国経済発展論』（税務経理教会, 2001年）

王家華著, 『日中儒教の比較』（六興出版, 1988年）

王効平・尹大栄・米山茂美共著, 『日中韓企業の経営比較』（税務経理協会, 2005年）

梶原弘和著, 『アジアの発展戦略』（東洋経済新報社, 1995年）

金日坤著, 『東アジアの経済発展と儒教文化』（大州館書店, 1992年）

木村光彦著, 『日本統治下の朝鮮』（中央公論新社, 2018年）

渋沢栄一著, 『論語講義』（二松学舎大学出版社, 1972年）

清水敬次著, 『税法〔新装版〕』（ミネルヴァ書房, 2013年）

鈴木満直著, 『解放下における韓国の金融システム』（勁草書房, 1993年）

関　宏â€‹著, 『日本的経営の系譜』（文眞堂, 1990年）

宋娘沃著, 『技術発展と半導体産業—韓国半導体産業の発展メカニズム—』（文理閣, 2005年）

高龍秀著, 『韓国の企業・金融改革』（東洋経済新報社, 2009年）

髙沢修一著, 『ファミリービジネスの承継と税務』（森山書店, 2016年）

髙沢修一著, 『韓国財閥の通信簿—韓国ファミリービジネスの企業診断—』（財経詳報社, 2018年）

高安雄一著, 『韓国の構造改革』（NTT出版, 2005年）

鄭章淵著, 『韓国財閥史の研究　分断体制資本主義と韓国財閥』（日本経済評論社, 2007年）

戸川芳郎著, 『儒教史』（山川出版社, 1987年）

富岡幸雄著, 『検証企業課税論』（中央経済社, 2018年）

永野慎一郎編著, 『韓国の経済発展と在日韓国企業人の役割』（岩波書店, 2010年）

長谷川啓之著, 『アジアの経済発展と政府の役割』（文眞堂, 1995年）

服部民夫編著, 『韓国の工業化・発展の構図』（アジア経済研究所, 1987年）

服部民夫著, 『韓国の経営発展』（文眞堂, 1988年）

服部民夫・佐藤幸人編著, 『韓国・台湾の発展メカニズム』（アジア経済研究所, 1996年）

辺　真一著, 『大統領を殺す国　韓国』（角川書店, 2014年）

深川由紀子著, 『韓国・先進国際経済論』（日本経済新聞社, 1997年）

朴東洵著, 『韓国財閥のリーダーたち』（東洋経済新報社, 1992年）

堀江保蔵著, 『日本経営史における「家」の研究』（臨川書店, 1984年）

水野順子著, 『韓国の自動車産業』（アジア経済研究所, 1996年）

杢嶋通夫著, 『続イギリスと日本—その国民性と社会』（岩波書店, 1978年）

李漢九著, 『韓国財閥史』（大明出版社・ソウル, 2004年）

李ハング著, 『韓国財閥形成史』（比峰出版社・ソウル, 1999年）

崔ジョンヒョ著,『韓国財閥史研究』(ヘナム図書出版, 2014年)

池東旭著,『韓国の族閥・軍閥・財閥　支配集団の政治力学を解く』(中央新書, 1997年)

池東旭著,『韓国財閥の興亡』(時事通信社, 2002年)

趙東成著,『韓国財閥』(毎日経済新聞社・ソウル, 1997年)

ユ・テヒョン他著,『財閥の経営支配構造と人脈婚脈』(ナナン出版, 2005年)

論文

高沢修一稿,「租税競争が生み出す事業承継における問題点の検討」『曾計』(森山書店, 2012年)

高沢修一稿,「韓国財閥の事業承継における特異性」『會計』(森山書店, 2013年)

高沢修一稿,「在日韓国人の相続・事業承継に関する一考察」『経営論集』(大東文化大学経営学会, 2013年)

高沢修一稿,「韓国における IFRS 導入が日本の税務会計制度に与える示唆」『経営論集』(大東文化大学経営学会, 2014年)

高沢修一稿,「在日コリアン企業家の人的承継と税務問題」『税制研究』(税制経営研究所, 2016年)

高沢修一稿,「大韓民国造船業界の財務諸表分析に基づく血税支援問題の検討」『経営論集』(大東文化大学経営学会, 2017年)

高沢修一稿,「韓国半導体産業の成長戦略と税務戦略」『戦略研究』(戦略研究学会, 2018年)

高沢修一稿,「幕末期における陽明学者の行財政改革」『経営論集』(大東文化大学経営学会, 2019年)

高沢修一稿,「東アジアの儒教的経営と不正会計」日本租税理論学会報告(愛知大学, 2019年)

高沢修一稿,「東アジアの儒教的経営の実態調査」文部科学省「私立大学研究ブランディング事業：経営と“道”の研究」報告(2018年・2019年)

参考資料

国税庁レポート,「韓国の税務行政の概要」『税大ジャーナル』(2018年5月)

日本監査役協会韓国調査団・韓国調査団報告書「韓国のコーポレート・ガバナンス」(2002年10月10日)

独立行政法人日本貿易振興機構(ジェトロ)編,「韓国の税務・会計に関するブリーフィングレポート」(2012年3月)

不公平な税制をただす会報告,「韓国の税制視察」全国商工新聞第3335号11月5日

金融庁編,「投資家と企業の対話ガイドライン(案)」(2018年3月26日)

東京証券取引所編「コーポレートガバナンス・コード(改定案)」(2018年3月30日)

한국 은행 편 "조사 통계 연보" 각 년도 판

　韓国銀行編, 「調査統計年報」各年版

대한민국 상공 회의소 한국 경제 연구 센터 편 (1972 년) "현대 기업의 사회적 책임"

　大韓民国商工会議所・韓国経済研究センター編 (1972年)「現代企業の社会的責任」

대한민국 경영 학회 편 (1992 년) "한국의 기업 윤리 조치 실상과 과제 조치"

　大韓民国経営学会編 (1992年)「韓国の企業倫理—実像と課題—」

대한민국 재정 경제부 편 (2000 년) "투명한 기업 경영을위한 지배 구조 개혁 (안)"

　大韓民国財政経済部編 (2000年)「透明な企業経営のための支配構造改革（案）」

대한민국 산업 자원부 편 (2003 년) "자동차 부품 산업의 현황 및 발전 방향"

　大韓民国産業資源部編 (2003年) 編「自動車部品産業の現況及び発展方向」

대한민국 자동차 산업 연구소 편 (2004 년) "한국 자동차 산업"

　韓国自動車産業研究所編 (2004年)「韓国自動車産業」

대한민국 고용 노동부 편 (2012 년) "적극적 고용 개선 조치 제도의 남녀 근로자 현황 분석 결과"

　大韓民国雇用労働部編 (2012年) 編「積極的雇用改善措置制度の男女労働者現状分析結果」

대한민국 국세청 편 "국세 통계 연보" 매년 버전

　大韓民国国税庁編、「国税統計年譜」各年版

대한민국 정부 환경부 (2006년・2007년) 편 "환경 백서"

　大韓民国政府環境部 (2006年・2007年) 編、「環境白書」

대한민국 정부 환경부 홈페이지 (2014년)

　大韓民国政府環境部ホームページ (2014年)

대한민국 정부 지식 경제부 홈페이지 (2014년)

　大韓民国政府知識経済部ホームページ (2014年)

索　　引

あ

李承晩（イ・スンマン）　27, 45, 78, 124,
　142
李明博（イ・ミョンバク）　107, 125, 143
李明博大統領の新アジア外交構想　107
熊津（ウンジン）グループ　132, 134
SK グループ　51, 78, 80, 89, 100, 123,
　128, 136, 166
LG グループ　12, 42, 44, 53, 90, 109, 119,
　123, 129, 148

か

韓国企業のグルーバル化　157
韓国金融システム（官治金融）　33
韓国企業のベトナム投資　103
韓国軍需産業　114
韓国化粧品業界　117
韓国公正取引委員会　25, 101, 132
韓国コンビニエンスストア業界　121
韓国国税庁海外金融口座申告制度　150
韓国財閥　1, 23, 44, 61, 89, 123, 157
韓国財閥総帥（財閥オーナー）　1, 10, 34,
　45, 135, 150, 160, 166
韓国財閥の政経癒着問題　8, 23, 67, 123,
　133, 160, 166
韓国財閥に対する出資総額制限　39, 124
韓国財閥に対する血税支援　61
韓国財閥のインフォーマル・ネットワーク
　8, 30, 42, 123, 157, 160
韓国財閥の学縁（学閥）　28, 31, 42
韓国財閥の環境汚染問題　151

韓国財閥の血縁　4, 6, 31, 56, 147
韓国財閥の婚縁（婚縁ネットワーク）　9,
　27, 30, 128, 133, 166
韓国財閥の事業承継問題　14, 44, 99, 165
韓国財閥の社外取締役　3, 11, 39, 123,
　139
韓国財閥の社外取締役の独立性　123,
　138, 158, 169
韓国財閥の社外取締役候補推薦委員会
　39, 123, 139, 170
韓国財閥の女性取締役と女性管理職　15,
　140, 171
韓国財閥の大家族主義　6, 44
韓国財閥の脱税・不正事件　123, 166
韓国財閥のファミリービジネス　1, 32,
　44, 123, 157
韓国財閥の不正会計・不適切会計　10,
　132, 161
韓国自動車産業　91
韓国 GDP（国内総生産）　89
韓国証券先物取引委員会　164
韓国造船業　65
韓国相続税　129, 146, 169
韓国大統領の政治汚職及び不正事件
　125
韓国の環境賦課金　150
韓国の銀行管理下企業（不実企業）　28,
　126
韓国の投資・共生協力促進制度　41, 91
韓国の半導体産業　77, 89
韓国の非血縁者企業　21

韓国の不実企業　28, 127

韓国・ベトナム戦略協力パートナーシップ
　共同声明　108

韓国法人税　41, 91, 143

韓国民法　146

韓国の養子制度・同姓同本の血縁者養子縁
　組　56

韓国併合　23

企業の社会的責任（CSR/Corporate Social
　Responsibility）　136

金宇中（キム・ウジュン）　27, 69, 124

金大中（キム・デジュン）　38, 49, 123,
　125

金大中大統領のコーポレートガバナンス改
　革　38, 123, 139, 158, 169

金泳三（キム・ヨンサム）　125, 143

金泳三の徴税特例制限法　143

金英蘭（キム・ヨンラン）　134, 137, 167

金英蘭法の公職者等　135, 168

客主　23

金剛山（クムガンサン）観光開発　49

錦湖（クムホ）アシアナグループ　44,
　96, 99

さ

在日コリアン企業家　58

思潮（サジョ）グループ　149

サムスングループ・三星財閥　26, 29, 45,
　48, 78, 89, 109, 127, 132, 133, 163

サムスングループの不正会計　165

GS グループ　12, 34, 54, 121

CJ グループ　18, 47, 132, 141

儒教・儒教思想　1, 44, 55, 161

朱子学（程朱子学）　2, 44, 158

新世界（シンセゲ）グループ　34, 116,
　121

税務戦略・租税競争　42, 89, 105

ゾンビ企業（ゾンビ化）　61, 160

た

ダイバーシティ（ダイバーシティ経営）
　15, 162, 171

脱儒教的経営　18

地球温暖化対策の税　154

タックス・ヘイブン（Tax Haven）
　106, 144

炭素税（Carbon tax）　152

中華人民共和国環境保護税法　152

崔順実（チェスンシル・チェソウォン）国
　政介入問題　48, 126

朝鮮総督府　23

朝鮮大地主（民族系企業集団）　25

全斗煥（チョン・ドゥファン）　31, 124,
　134

陳承鉉（チン・スンヒュン）ゲート　38,
　125

大宇（テウ）グループ・大宇財閥　27,
　29, 38, 69, 124, 127

大韓（テハン）航空ナッツ・リターン問
　題・パワハラ問題　17, 44, 96, 99, 132,
　141

大林（デリム）グループ　131, 145

斗山（ドゥサン・トゥサン）グループ
　26, 131

東部（トンブ）グループ　65

な

日韓 GSOMIC（日韓秘密軍事情報保護協
　定）　85, 87

日本企業の株式の持ち合い　2, 162

日本的経営　8, 161

日本政府による半導体材料の対韓輸出規制
　84

盧泰愚（ノ・テウ）　31, 52, 124, 134

盧武鉉（ノ・ムヒョン）　38, 123, 125
盧武鉉大統領のコーポレートガバナンス改
　革　38, 124

は

朴槿恵（パク・クネ）　10, 16, 18, 47, 59,
　81, 126, 132, 141, 143
朴正熙（パク・チョンヒ）　9, 27, 32, 58,
　96, 124, 126, 133, 142
漢江（ハンガン）の奇跡　151
韓進（ハンジン）グループ　17, 29, 44,
　96, 99, 131, 132, 148
韓火（ハンファ）グループ　114, 132
現代（ヒュンダイ）グループ・現代財閥
　14, 26, 29, 44, 48, 127
現代（ヒュンダイ）自動車グループ　35,
　91, 125, 132, 143, 149
暁星（ヒョソン）グループ　132, 148
ベトナム政府のドイモイ（DoiMoi・経済
　自由化）政策　103

ベトナム政府のハイテク産業に対する税制
　支援　90
ベトナム戦争特需　29
ヘンボックスナヌム財団　137

ま

文在寅（ムン・ジェイン）　38, 40, 50, 90,
　126, 143

や

両班（ヤンバン）　5
柳韓洋行（ユハンヤンハン）　21
陽明学　7
永豊（ヨンブン）グループ　150
栗山（ユルサン）財閥　26, 27

ら

李氏朝鮮王朝　3, 23
ロッテグループ　14, 44, 58, 90, 109, 112,
　132

著者紹介

高沢修一（たかさわしゅういち）

現職

　　大東文化学園理事・評議員　経営学部学部長

　　大東文化大学経営学部教授　博士（経営学）

兼職

　　河北大学（中国河北省）客座教授

　　フェリス女学院大学国際交流学部非常勤講師

　　高沢修一税理士事務所所長

単著

　　『会計学総論〔第2版〕』（森山書店，2006年）

　　『事業承継の会計と税務』（森山書店，2008年）

　　『ファミリービジネスの承継と税務』（森山書店，2016年）

　　『法人税法会計論〔第3版〕』（森山書店，2017年）

　　『近現代日本の国策転換に伴う税財政改革』（大東文化大学経営研究所，2017年）

　　『韓国財閥の通信簿　―韓国ファミリービジネスの企業診断―』（財経詳報社，2018年）

　　『近現代日本の税財政制度』（財経詳報社，2019年）　　　　　　　　　　　　　　他

韓国財閥のファミリービジネス

令和2年6月17日　初版発行

著　者　髙　沢　修　一

発行者　宮　本　弘　明

発行所　株式会社　財経詳報社

〒103-0013　東京都中央区日本橋人形町1-7-10
電　話　03（3661）5266（代）
ＦＡＸ　03（3661）5268
http://www.zaik.jp
振替口座　00170-8-26500

落丁・乱丁はお取り替えいたします。　　　　　　印刷・製本　創栄図書印刷
©2020　Syuichi Takasawa　　　　　　　　　　　　　Printed in Japan
ISBN　978-4-88177-470-0